Zu diesem Buch

Drogen, Prostitution, Schwarzhandel, Schutz-
gelderpressung – die Geschäfte der «roten Paten»
blühen. In Symbiose mit dem Parteiapparat
haben sie die ehemalige Sowjetunion und das
heutige Rußland fest im Griff.

Andrej Illesch schildert Fälle und ihre Hinter-
gründe: wie die sowjetische Mafia sich entwickelt
hat, welches ihre «Erzeuger» sind, wie die Straf-
lager als «Verbrecheruniversitäten» fungieren,
wie die «roten Syndikate» in Zusammenarbeit
mit der Bürokratie ein ganzes Volk betrügen.

Andrej Illesch, Jahrgang 1949, ist leitender
Redakteur bei der größten sowjetischen Tageszei-
tung *Iswestija*. Für seine Reportagen über Um-
weltkatastrophen und über die Kriminalität in
der UdSSR erhielt er Journalistenpreise und
Strafandrohungen.

Andrej Illesch

Die roten Paten

Organisiertes Verbrechen
in der Sowjetunion

Aus dem Russischen
von Ganna-Maria Braungardt
und Katrin Finkemeier

Rowohlt

Veröffentlicht im Rowohlt Taschenbuch Verlag GmbH,
Reinbek bei Hamburg, August 1992
Die Taschenbuchausgabe wurde vom Autor überarbeitet
Copyright © 1991 by Rowohlt · Berlin Verlag GmbH, Berlin
Umschlaggestaltung Walter Hellmann
Satz aus der Excelsior (Linotronic 500)
Gesamtherstellung Clausen & Bosse, Leck
Printed in Germany
1290-ISBN 3 499 19333 7

Inhalt

Eine Gesellschaft, die ihre Laster nicht
kennen wollte   7

«Gesetzestreue Diebe»   13

Drogenhandel   27

Prostitution   39

Die Handelspyramide   53

Das «Racket» tritt aus dem Schatten   71

Aufruhr hinter Stacheldraht   91

Eine Universität für Verbrecher   103

Milizionäre als Mörder   115

Mord, die Opfer und die Motive   131

Das Bankett des Generals   147

Die Baumwollaffäre   167

Orientalische Despoten   183

Schattenwirtschaft   201

Die Mafia   211

Anhang: Kriminalitätsstatistik   229

Eine Gesellschaft, die ihre Laster nicht kennen wollte

Seit der Arbeit an der ersten Fassung dieses Buches ist nicht sehr viel Zeit vergangen, doch wieviel hat sich inzwischen in unserem Land verändert!

Zunächst einmal, es selbst existiert nicht mehr – der Begriff «UdSSR» ist von den politischen und geographischen Landkarten verschwunden. Doch so unbändig die Republiken, aus denen einst dieses riesige Land bestanden hatte, zur absoluten Unabhängigkeit streben mögen, es verbindet uns doch zu vieles. Nicht nur die Grenzen, die von der immer noch intakten Armee geschützt werden, sind uns gemeinsam. Auch die Vergangenheit. Und das Verbrechen.

Deshalb haben die Diskussionen, die bereits seit mehreren Jahren von Wissenschaftlern, Parlamentariern, Journalisten und Hausfrauen geführt werden, nichts von ihrer Aktualität verloren. Kernpunkt dieser Diskussionen ist die Frage: Haben wir eine eigene Mafia?

Natürlich gibt es sie, behaupten viele. Am schwersten wiegt das Ja einer recht großen Gruppe von Menschen – jener, die 1991 Opfer von mehr als zwei Millionen Verbrechen wurden.

1989 wurden 1 286 000 Verbrechen registriert. Leider verfügen wir heute schon nicht mehr über eine absolute Statistik für das gesamte Gebiet der ehemaligen UdSSR. Als das Innenministerium der Sowjetunion liquidiert wurde, verschwand auch die allgemeine Statistik. So stammen die folgenden Zahlen für 1990 und 1991 vom russischen Innenministerium. Sie entwerfen jedoch ein Bild, das für alle Republiken der ehemaligen Union gleichermaßen gültig ist.

1991 wurden in Rußland 2 173 074 Verbrechen begangen. Diese Zahl, an sich schon enorm, sagt noch nichts aus über das Ausmaß der Kriminalität. Das Massiv der ungeklärten, von der Miliz registrierten, doch infolge verschiedener Gründe nicht vor Gericht gebrachten Fälle ist groß – allein 1991 wurden 1 041 107 Verbrechen nicht aufgeklärt. 1988 waren es in der gesamten UdSSR nur 463 000.

1991 entgingen mehr als 1 Million Verbrecher der Bestrafung, blieben 1000 Morde, Zehntausende Raubüberfälle und Hunderttausende Diebstähle ungelöst.

Ich erinnere mich, daß meine erste Veröffentlichung über die Kriminalitätsstatistik in der sowjetischen Presse einen Schock in der Öffentlichkeit auslöste. Wie das, wir haben doch früher ruhig gelebt! Was ist los? Bestimmt ist die Perestroika an allem schuld!

Schuld ist aber nicht die Perestroika, sondern die Glasnost.

Zum erstenmal wurden Zahlen und Fakten zur Kriminalität, zur Korruption von Partei- und Staatsfunktionären, Angehörigen der Miliz und der Staatsanwaltschaft und zu Bestechungsaffären in den höchsten Rängen der Macht veröffentlicht. Das veranlaßte große Kreise der Gesellschaft, sich endlich nicht nur über Banditen und Mörder Gedanken zu machen, die bis jetzt die sowjetischen Kriminalromane und -filme bevölkerten und mit denen die Miliz in den Romanen und Filmen erfolgreich fertig wurde, sondern über die

Tatsache, daß unsere gesamte Gesellschaft außerordentlich kriminogen ist.

Ich kenne viele ihrer Sache ergebene Juristen, Kriminalisten und Journalisten, die ungeachtet fehlender Öffentlichkeit und des brutalen Widerstands des Systems ehrlich ihre Arbeit getan haben, wenn es um die Entlarvung der Mächtigen ging. Viele von ihnen sind sogar gemaßregelt worden. Auch ich habe, soweit es die strenge Zensur ermöglichte, im Laufe der letzten zwanzig Jahre versucht, die Wahrheit über die traurige Realität zu sagen.

Unsere gemeinsame Erfahrung erlaubt es uns, von einer kriminogenen Gesellschaft zu sprechen. Was ist das? Ich bin überzeugt, daß unsere kranke Wirtschaft einen äußerst fruchtbaren Nährboden für alle möglichen Arten von Verbrechen schafft. Die unvollkommene politische Struktur begünstigt nicht nur deren Verschleierung, sondern ist selbst ein wichtiges Kettenglied der Kriminalität. Anschaulicher Beweis dafür sind die großen Strafsachen, in die nicht nur Berufsverbrecher, sondern leitende Funktionäre ganzer Gebiete und Republiken, ja selbst Minister verwickelt sind. Sogar leitende Angestellte der Justizorgane waren gegen Korruption und Verquickung mit dem Verbrechen nicht gefeit. Die markanteste und absurdeste Erscheinung dieser Art ist, daß der Staat selbst mittels des jetzigen Strafsystems und eines weitverzweigten Netzes von Gefängnissen und Lagern neue und immer neue Gruppen von Berufskriminellen reproduziert.

Doch um das Ausmaß und die Tiefe des organisierten Verbrechens in der ehemaligen Sowjetunion zu erfassen, genügt es nicht, Zahlen und Fakten zu veröffentlichen. Denn, wie schon erwähnt, bislang haben sie nur einen Schock ausgelöst und den Wunsch, extreme Maßnahmen zu ergreifen, die Gesetze zu verschärfen, den repressiven Apparat zu verstärken usw. Kann eine solche Politik helfen, mit der Kriminalität in den Republiken der ehemaligen UdSSR fertig zu werden? Auf keinen Fall. Zweifellos müssen Miliz und Staatsanwaltschaft gestärkt werden. So nötig wie die Luft zum Atmen braucht unser Land eine Gerichtsreform, die zu einer unabhängigen Justiz führt. Doch könnte sie nur bei gleichzeitiger tiefgehender und vollständiger Umgestaltung der Wirtschaft und des politischen Systems wirksam werden, wenn alle Kräfte der Gesellschaft dem Menschen zugewandt sind und die sozialen und politischen Institutionen in der ehemaligen Sowjetunion sich um die Befriedigung der konkreten Bedürfnisse der Menschen, den Schutz ihrer Rechte und Freiheiten kümmern.

Aber all das ist noch nicht realisiert, und die einfachen Menschen bewegt die Frage sehr: Gibt es in den Republiken der ehemaligen UdSSR eine Mafia?

Im Laufe der zwanzig Jahre, die ich mich als Journalist mit Problemen der Kriminalität und der Arbeit der Justiz befasse, habe ich mir natürlich eine eigene Meinung gebildet. Aber ich werde sie nicht voreilig darlegen. Der Leser im Westen sollte einen prinzipiellen Umstand berücksichtigen. Die Mafia (das organisierte Verbrechen) bei uns unterscheidet sich grundlegend von der italienischen, amerikanischen, japanischen und jeder anderen, ebenso wie sich unsere Wirtschaft mit ihren ständigen, dem Ausländer schwer zu erklärenden Mangelerscheinungen von der Wirtschaft entwickelter kapitalistischer Länder unterscheidet.

Bevor wir also ein endgültiges Urteil fällen, will ich die «Etagen» der Kriminalität in der ehemaligen UdSSR betrachten, die einzelnen Äste dieses schwarzen Baumes untersuchen.

Ich nehme keineswegs für mich in Anspruch, das schwierige und sich gerade erst abzeichnende Problem des organisierten Verbrechens in der ehemaligen UdSSR vollständig erfassen zu können. Aber ich glaube, daß die Informationen, die dieses Buch vermittelt, es dem Leser ermöglichen werden, sich selbst ein Bild von diesem Problem zu machen. Außerdem haben ausländische Leser erstmalig Gelegenheit, statistische Daten über die in der (ehemaligen) Sowjetunion begangenen Verbrechen und die damit verbundene Arbeit der Miliz zu erfahren. Ich bin davon überzeugt, daß die aufmerksame Lektüre nüchterner Zahlen in diesem Fall eine sehr interessante Beschäftigung ist, die viel Stoff zum Nachdenken und für weitreichende Schlußfolgerungen bietet.

Als Material für dieses Buch habe ich vor allem Ereignisse ausgewählt, mit denen ich in meiner Arbeit selbst zu tun hatte, die aber leider keineswegs immer in die Presse gelangt sind.

Es ist ganz einfach: Ich habe in einer Gesellschaft gelebt und gearbeitet, die, um die schläfrige Ruhe und Geborgenheit ihrer Oberen nicht zu stören, ihre eigenen Laster nicht zur Kenntnis nehmen wollte. Und heute müssen wir alte Rechnungen begleichen.

Andrej Illesch
Frühjahr 1992

«Gesetzestreue Diebe»

1923 erschien in der Abendausgabe der Zeitung *Krasnaja gaseta* unter der Überschrift «Ljonka Pantelejew verhaftet» eine Notiz: «In der Nacht vom 12. auf den 13. Februar wurde von einer Einsatzgruppe zur Bekämpfung des Bandentums unter Mitwirkung der Kriminalmiliz der lange gesuchte berüchtigte Bandit Leonid Pantelkin, bekannt unter dem Ganovennamen LJONKA PANTELEJEW, gestellt, der in letzter Zeit durch brutale Morde und Überfälle von sich reden machte. Bei der Festnahme leistete Ljonka erbitterten bewaffneten Widerstand und wurde ERSCHOSSEN.

Zusammen mit Pantelejew wurde Mischka Korjawy gestellt, der ebenfalls Widerstand leistete und eine Halswunde davontrug. Festgenommen wurden außerdem Pantelejews Mittäter, der berüchtigte Einbrecher ‹Saschka Pan› und eine Reihe anderer Komplizen und Hehler.»

Nicht zufällig sind der Name des berüchtigten Banditen und das Wort «erschossen» in der Notiz in großen Lettern gedruckt. Die Zeitung beeilte sich, die Einwohner Petrograds zu beruhigen, die zu Beginn der zwanziger Jahre in ständiger Angst vor den Räubern lebten. Sie wurden in ihren Wohnungen und auf den Straßen ausgeraubt, am Tag und in der Nacht. Trotzdem glaubten sie der Zeitungsnotiz nicht sofort, und noch lange gingen in der Stadt Gerüchte um, die den gefürchteten Namen Ljonka Pantelejews und seine Person wiederauferstehen ließen. Sie waren nicht völlig unbegründet, denn andere Räuber waren durchaus nicht abgeneigt, sich für den berühmten Ljonka auszugeben. Um den Gerüchten ein Ende zu setzen, waren die Behörden gezwungen, den Leichnam des Banditen öffentlich aufzubahren. Tagelang strömten die Einwohner in die Totenkammer, um sich zu überzeugen, daß der Mann, der lange Zeit die große Stadt terrorisiert hatte, wirklich tot war. Allein im letzten Monat ihrer Existenz hatte Pantelejews Bande zehn Morde, zwanzig Raubüberfälle und fünfzehn bewaffnete Überfälle begangen. Und das zu einer Zeit, als die gesamte Kriminalmiliz der Stadt auf den Beinen war, an zwanzig Stellen Hinterhalte legte, Pantelejew in fast jedem seiner zahlreichen Quartiere erwartete. Dennoch dauerte die Jagd auf Ljonka sehr lange.

Angaben der Petrograder Kriminalmiliz zufolge wurden in der Stadt in den Jahren 1922/23 monatlich bis zu vierzig Überfälle verübt. Die Täter raubten nicht nur, sie mordeten auch. Doch die Mehrzahl der Räuber konnte entweder sofort nach dem Verbrechen oder beim Versuch, die Beute zu verkaufen, dingfest gemacht werden. Das lag daran, daß die meisten Täter Neulinge in der Verbrecherwelt waren. Anders sah es bei Pantelejews Bande aus. Nicht umsonst hatte sie ihren legendären Ruf, nicht von ungefähr glaubten die Menschen nicht an den Tod des Banditen – das war eine organisierte, professionelle Gruppe von Räubern und Mördern. Im engsten Umfeld des Anführers «arbeiteten» zehn ausgewählte Kriminelle, von denen jeder seine Rolle bei den Überfällen genau kannte.

Ljonkas rechte Hand, sein «Adjutant» Dmitri Gawrikow, half Pantelejew, in der Gruppe strenge Disziplin zu wahren. Über ganz Petrograd verstreut hatten die Banditen konspirative Quartiere, in die nur eingelassen wurde, wer die Parole kannte. Die Wohnungen gehörten Ljonkas zahlreichen Freundinnen, die bei der Auswahl der Opfer für seine Überfälle halfen. Der Bandit wechselte beinah täglich seine Unterkunft, war äußerst vorsichtig und mißtrauisch und konnte sich dadurch so lange vor der Miliz verbergen. Die Legende schrieb Ljonka nicht nur Ungreifbarkeit, sondern auch eine ungeheure Schläue und Erfindungsgabe zu. Das entsprach den Tatsachen.

Zwei Beispiele.

Doktor Lewin witterte keine Gefahr, als ein Matrose vor seiner Tür stand und ihn um Hilfe für einen Freund bat. Während der Arzt den «Patienten» untersuchte, drangen zwei weitere Matrosen, die im Treppenhaus gewartet hatten, in die Wohnung ein. Zu viert überwältigten sie den Arzt, und als dessen Frau nach Hause kam, fesselten sie auch sie und sperrten sie ins Bad; anderen Leuten, die klingelten, erklärten sie, der Arzt sei beschäftigt. Zwei Stunden verbrachten die «Matrosen» in der Wohnung des Arztes, füllten in aller Seelenruhe einen Koffer und einen Korb und fuhren ohne Eile mit einer auf sie wartenden Droschke davon.

Zwei Wochen später kamen die Räuber ins Haus eines anderen Mannes. Diesmal stellten sie sich als Agenten eines Dienstes vor, dessen bloßer Name damals den einfachen Bürgern schon Angst einflößte. Dem Hausherrn erklärte Ljonka, in der Wohnung gebe es nach Angaben der Aufklärung unrechtmäßig erworbenes Gold, und wies einen Haussuchungsbefehl vor. Nachdem er Gold und Geld gefunden hatte, setzte der Bandit ein Protokoll darüber auf und verließ die Woh-

nung, nicht ohne den Hausherrn vorher den Haussuchungsbefehl unterschreiben zu lassen.

Er war ein großartiger Schauspieler! Aus jedem Raub und
jedem Überfall machte er eine Vorstellung. Selbst als Pantelejew von allen Seiten eingekreist war, als seine Geheim-
quartiere eines nach dem anderen aufflogen, als Mitglieder
seiner Bande schon verhaftet oder bei der Verhaftung erschossen worden waren, rettete ihn sein schauspielerisches
Talent noch einmal. Bei einem Zusammenstoß mit der Miliz
war er bereits verwundet worden und versuchte, zu einem
seiner sicheren Verstecke zu gelangen. Er ging den men-
schenleeren Newski-Prospekt entlang und stieß beinah mit
einem der zahlreichen Miliztrupps zusammen, die ihn suchten. Pantelejew hockte sich in einen Hauseingang, schlug den
Kragen seines Pelzmantels hoch – so sahen damals die Por-
tiers aus, die über die Nachtruhe der Einwohner wachten.
Einer der Milizionäre fragte den «Portier», ob hier ein Mann
vorbeigekommen sei, und beschrieb Ljonka. «Nein», antwortete dieser, «ich hab keinen gesehn», und verkroch sich wieder in seinen Mantelkragen.

Das war wohl sein letzter schauspielerischer Erfolg.

Die Geschichte des organisierten Verbrechens in Rußland
beginnt nach Ansicht von Fachleuten um die Jahrhundert-
wende. Vorher hatte es noch kein einheitliches Gefängnis-
system gegeben, das als Schule und Schaltzentrale des organisierten Verbrechens dienen konnte. Ich werde in einem
gesonderten Kapitel erläutern, wie selbst heute, in den Jahren der Perestroika, der Staat mit seinem schlecht organisierten System von Lagern und Gefängnissen die Kriminalität reproduziert.

Ein Blick zurück: Ende des neunzehnten Jahrhunderts.

Die Kriminalität nimmt zu, der Staat verstärkt seine Strafpolitik, neue Gefängnisse entstehen, die Rückfallkriminalität entwickelt sich (fünfzig Prozent der Diebe sind Rückfalltäter). Unter diesen Bedingungen schlossen sich die Verbrecher zusammen, vornehmlich nach Berufsmerkmalen. Die Entstehung von Kasten unter den Kriminellen schilderte als einer der ersten der Journalist Wlas Doroschewitsch, der zu Beginn des zwanzigsten Jahrhunderts als Strafgefangener auf Sachalin war; er beschrieb auch die ersten Merkmale der «Gefängnis-Aristokratie».

Diese «Aristokratie» vereinigte sich in der Freiheit zu «Nestern». Es gab «Nester» von Taschendieben, Safeknackern, Betrügern und anderen Spezialisten. Wer neu in ein «Nest» aufgenommen wurde, zahlte einen Geldbetrag in die gemeinsame Kasse, den «Topf», und konnte die Bande nicht mehr aus freien Stücken verlassen. Der Versuch wurde hart bestraft, meistens mit dem Tod. Historiker glauben allerdings, daß Rußland bei der Herausbildung des organisierten Verbrechens hinter den Ländern Westeuropas zurückblieb; dort hatte die Zentralisierung der Verbrecherwelt früher begonnen, und zu der Zeit, von der hier die Rede ist, gab es in der Verbrecherwelt Westeuropas schon grausame Gesetze. Allen Parisern war der Name Cartouche ein Begriff – das war keine einfache Diebesbande mehr, sondern fast eine Armee von über zweihundert Mann. Zu Cartouche gehörten Aufklärer, eine Diebesschule und eigene Straforgane. Ein Bandenmitglied, das in Verdacht geriet, Verrat begangen zu haben, wurde hingerichtet. Es herrschten eiserne Disziplin, Ordnung und harte Sitten. Wenn der Anführer einer Bande seinen Stellvertreter getötet hatte, zerhackte er dessen Leichnam, ließ ihn ausbluten, und jeder «Soldat» der Verbrecherarmee mußte seine Hände in diesem Blut waschen.

So etwas gab es in Rußland noch nicht, die Verbrecher waren weit verstreut, doch zu Beginn der zwanziger Jahre zeichnete sich eine zunehmende Kriminalität ab. Ljonka Pantelejew war natürlich kein Cartouche. Die Geschichten über ihn enthalten deshalb mehr sogenannte Diebesromantik als die Wahrheit über Gewalt und Grausamkeiten. Doch der Erfolg, mit dem er so lange der Justiz entgehen und ungestraft die Reichen terrorisieren konnte, basierte auf der straffen Organisation der Bande. In diesem Sinne war Ljonka Pantelejew für seine Zeit wohl der ungekrönte König der sowjetischen Verbrecherwelt.

Wurden bis zum Ersten Weltkrieg in Moskau jährlich 2700 Diebstähle registriert, so waren es 1923 bereits in drei Monaten doppelt so viele. Für die wachsende Kriminalität gab es mehrere Ursachen, darunter die Amnestie von 1917, die der Chef der nach der Februarrevolution gebildeten Regierung, Alexander Kerenski, erlassen hatte. Tausende Kriminelle und Rückfalltäter, die die ersten «Klassen» der professionellen Kriminalität in den Strafanstalten bereits absolviert hatten, kamen frei. Allein in Moskau gab es über dreitausend solcher Krimineller und dreißig Banden.

Neben den entlassenen Berufsganoven und Banditen gerieten auch viele Menschen in die kriminelle Sphäre, die ihren Protest gegen die proletarische Revolution Lenins auf diese Weise zum Ausdruck brachten. Das war eine Art ideologische Ergänzung der Verbrecherwelt. Waren die ehemaligen Offiziere, ruinierten Kaufleute und Bourgeois auch Dilettanten im Reich des Verbrechens, so hatten sie doch einen anderen Vorteil: Sie waren gebildeter als die einfachen Kriminellen, klüger und gewiefter. Darum ist es nicht verwunderlich, daß sie sehr bald zu Anführern vieler Verbrecherbanden wurden und sogar ihren eigenen Ganovennamen bekamen, «Schigany». So nannten die Kriminellen vor der Revolution Betrüger und Falschspieler, die sich total ruiniert hatten. Doch die Zeit der «Schigany» als Anführer der Verbrecherwelt war nur kurz, sie wurden von einer neuen Welle Berufskrimineller verdrängt, die sich als «Urki» bezeichneten. Jegliche Ideologie außerhalb der Diebeswelt war ihnen fremd, sie brauchten nicht gegen die Sowjetmacht zu kämpfen.

So entstand etwa Mitte der dreißiger Jahre der Typ des Berufskriminellen, der später «gesetzestreuer Dieb» genannt wurde. Dieses «Gesetz», das nie jemand aufgeschrieben hat, wurde im ganzen Land eingehalten und mündlich von Generation zu Generation weitergegeben.

Ein gesetzestreuer Dieb ist kein zufälliger Verbrecher, sondern jemand, der die Prinzipien und die Ordnung der Verbrechergemeinschaft kennt und der zu einer besonderen Organisation gehört. Ihr Mitglied zu werden war nicht leicht, jeder Anwärter mußte von einer besonderen Diebesversammlung in die Kaste aufgenommen werden, an der Vertreter der einzelnen Verbrecherorganisationen teilnahmen. Vorher mußte er eine dreijährige «Kandidatenzeit» absolvieren. Auf der Versammlung wurde der Neuling von zwei bis drei Mitgliedern der Gruppe empfohlen, die später für das Verhalten ihres Kandidaten bürgten.

Solche Versammlungen gab es nicht nur in Freiheit, sie wurden auch in Gefängnissen abgehalten. In einem Buch wird das Ritual einer im Gefängnis stattfindenden Neuaufnahme beschrieben.

Durch die Zellen wanderte ein Zettel, darin empfahlen erfahrene Diebe einen «Kleinen», einen Neuling, als jemanden, dessen «Verhalten und Bestrebungen ganz und gar die eines Diebes» seien. Der Kandidat wurde gelobt: «Lange Zeit hat er im Gefängnis die Disziplin gestört, er hat mehrere Monate lang unter den Häftlingen Geldsammlungen für die Diebe organisiert» usw. «Wir freuen uns, daß neue Diebe in unsere Familie kommen!» schlossen die Verfasser der Bürgschaft. Solch ein Zettel wurde von Zelle zu Zelle weitergegeben und mit Bemerkungen ergänzt, die die Aufnahme des neuen Mitglieds begrüßten.

So stieß wieder ein gesetzestreuer Dieb dazu. Von diesem Augenblick an mußte er ohne Widerspruch die Regeln des ungeschriebenen Gesetzes erfüllen. Ein Mitglied der Diebeskaste durfte kein normales bürgerliches Leben führen – er hatte nicht das Recht zu arbeiten, er mußte ausschließlich vom Verbrechen leben. Eine Zeitlang verlangte das Diebesgesetz sogar, sich von allen Verwandten, selbst von der eigenen Mutter, loszusagen. Eine der verbreitetsten Tätowierungen bei Dieben, «Ich vergesse meine Mutter nicht», meint keineswegs die wirkliche Mutter des Diebes, sondern die Diebesfamilie, als deren Sohn er sich fühlt und der er treu ist wie einer wirklichen Mutter.

Der gesetzestreue Dieb mußte Karten- und andere Glücksspiele beherrschen. Diese Regel war durchaus nicht sinnlos. Das Leben der Diebe war langweilig und eintönig (denn Zeitung und Bücher zu lesen, sich für irgend etwas anderes zu interessieren als für die Verbrecherwelt war verpönt). Nach einem kurzen Aufenthalt in Freiheit folgte das Gefängnis, nach dem Gefängnis ein neues Verbrechen – ein ständiger Kreislauf. Glücksspiele füllten nicht nur die Freizeit des Verbrechers aus, sie spielten auch eine wichtige Rolle im Gefängnisalltag. Beim Kartenspiel wurden Kleidungsstücke und Lebensmittel eingesetzt, oft sogar das Leben, beim sogenannten «Dreisternespiel» oder «Drei Knochen».

Das Gesetz verlangte von den Dieben Ehrlichkeit und Anstand gegenüber den anderen Angehörigen der Kaste. Ein «Kollege» durfte nicht beleidigt oder geschlagen werden. Gegenüber anderen Menschen war alles erlaubt, wenn es der Bande nützte. Ein weiterer wichtiger Teil des Diebesgesetzes war die Vorbereitung und Aufnahme neuer Mitglieder in die Kaste. Jugendlichen wurde der Kopf verdreht, ihnen wurden die Freuden der Diebesromantik geschildert und die Freiheiten eines leichten und reichen Lebens versprochen. Sie wurden gezwungen, bei Verbrechen mitzumachen, oder ihnen wurde die Schuld an Verbrechen zugeschoben, die sie nicht begangen hatten, um sie so in die Verbrechersphäre hineinzuziehen. Oder sie wurden einfach geschlagen, erpreßt und erniedrigt.

Die gesetzestreuen Diebe hatten ihre eigene Sprache und eine Vielzahl von Symbolen in Form von Tätowierungen. Tätowiert wurden Arme, Beine, der ganze Körper; jedes Bild hatte seine Bedeutung und gab Auskunft über den Kriminellen: verriet seinen Beruf, wie oft er gesessen hatte und wo, das Verhältnis der Kollegen zu ihm und vieles andere. An diesen Bildern, Buchstaben und Zeichen erkennen Kriminelle einander bis heute.

In den Haftanstalten durften gesetzestreue Diebe nicht arbeiten, wie in Freiheit waren sie verpflichtet, von dem zu leben, was sie anderen abnahmen, oder von einer speziellen Diebeskasse. Ihr Leben, ob in Freiheit oder in Haft, wurde durch eine Vielzahl von Regeln und Bräuchen reglementiert. Eines der wichtigsten Verbote betraf, wie in der Entstehungszeit der Berufskriminalität, das eigenmächtige Verlassen der Gruppe. Wurde dieses Gesetz verletzt, so gab es nur eine Strafe, den Tod. Nur wenige, die aufhören, mit dem Verbrechen Schluß machen wollten, entgingen diesem Schicksal. Dazu noch ein Beispiel aus der Literatur.

1955 wurde in einem Arbeitserziehungslager der Häftling J. ermordet, vier Jahre nachdem ihn die Diebesversammlung zum Tode verurteilt hatte. Die Miliz, die wußte, daß ihm Rache drohte, überführte J. von einem Lager ins andere und bemühte sich auf alle erdenkliche Art, ihm zu helfen. Doch der Richtspruch der Diebe verfolgte ihn von Lager zu Lager. Und die Rache ereilte ihn. Die Mörder schreckte nicht einmal, daß sie selbst mit dem Todesurteil rechnen mußten. Sie wurden tatsächlich erschossen, aber sie hatten ihre «Arbeit» getan, hatten die Forderungen ihres «Gesetzes» erfüllt.

Eine andere Geschichte.

In einem Wald bei Moskau fand eine Diebesversammlung statt, etwa zwanzig Personen nahmen daran teil. Ein Mann mit dem Ganovennamen «Graukopf» wurde gebracht. Er wurde beschuldigt, das Diebesgesetz verletzt zu haben. Als seine Schuld erwiesen war, lautete das einhellige Urteil der Versammelten: Todesstrafe. «Graukopf» flehte um Gnade, umsonst. Der Anführer der Bande, «Onkel Wanja», gab «Graukopf» etwas zu rauchen und schickte jemanden nach einer Pistole. Die Versammelten waren ohne Waffen, weil das Gesetz es so verlangt. Während sie auf die Pistole warteten, gaben sie dem «Graukopf» Wodka. Er leerte vier Gläser und blieb völlig nüchtern. Dann wandte er sich an einen einflußreichen Dieb:

«‹Oberst›, Bruder, vielleicht verzeiht ihr mir doch?»

«Nein, dazu haben wir kein Recht, das weißt du selbst», antwortete der und gab «Graukopf» die mit einer einzigen Patrone geladene Pistole. «Hier, stirb wie ein Mann.»

«Graukopf» nahm die Pistole, setzte sie an die Schläfe, blickte um sich und aus irgendeinem Grund zum Himmel. Ein Schuß knallte. Viele Diebe hatten Tränen in den Augen.

So berichtete ein Augenzeuge über die Erfüllung des «Gesetzes». Es ist klar, daß ein Dieb sich auch aus Angst vor der Strafe seiner «Brüder» dem Gesetz unterwarf.

Formal hatten die Diebe keine direkten Anführer; die ganze Macht lag bei der Versammlung. Diese konnte auf Verlangen jedes Angehörigen der Kaste einberufen werden. Doch in der Regel genossen auf jeder Versammlung die sogenannten «Autoritäten», erfahrene Kriminelle, eine Vorrangstellung, so daß die «Demokratie» der Diebe nur eine scheinbare war. Auf den Versammlungen beglichen die Autoritäten oft ihre persönlichen Rechnungen. Versammlungen gab es auf verschiedenen Ebenen, von der Stadt- bis zur Allunionsversammlung. Nach Aussagen von Historikern fanden solche Versammlungen 1947 in Moskau, in Sokolniki, statt, 1955 in Kasan, 1956 in Krasnodar. Daran nahmen zwischen zweihundert und vierhundert Kriminelle teil. Auf diesen Versammlungen wurden mehrere Teilnehmer verurteilt und hingerichtet.

Das reine kriminelle «Gesetz» der Diebe, das ich beschrieben habe, existierte nicht lange. Es mußte sich verändern, konnte nicht unbeeinflußt von den Ereignissen und dem Leben im Land bleiben. Das wichtigste Ereignis dieser Art war natürlich der Zweite Weltkrieg. In den Jahren des Krieges bekam die kriminelle Welt Zuwachs durch die sogenannten «polnischen Diebe», das waren Verräter, Banditen und andere Verbrecher der Kriegszeit. In den Strafanstalten eigneten sie sich die grausamen Normen des Diebesgesetzes an und bildeten auf deren Grundlage eigene Clans. In Lagern und Gefängnissen entbrannte ein erbitterter Krieg zwischen «polnischen» Pseudodieben und gesetzestreuen Dieben. 1947 wurden die Strafen für Eigentumsdelikte verschärft. Das Leben der Diebe wurde bedeutend unangenehmer, die neuen Strafmaße für Diebstahl waren sehr hoch. Die Zahl der Diebe in den Strafanstalten nahm nach Einführung der neuen Gesetze ständig zu. Immer neue Kräfte wurden in die Gruppenkämpfe einbezogen.

Die Miliz begann indessen, gegen die Diebesbruderschaften deren eigene «Gesetze» anzuwenden. So wurden zum Beispiel die «Treue» und «Ehrlichkeit» eingefleischter Autoritäten unter den Dieben entlarvt. Es gab zum Beispiel folgenden Fall: In einem Lager hatten die Diebe aus Solidarität einen Hungerstreik organisiert. Die Lagerverwaltung erfuhr, daß die Anführer und Organisatoren des Hungerstreiks einen soliden Vorrat an Lebensmitteln hatten, sogar Delikatessen. Die Lebensmittel wurden beschlagnahmt und den «einfachen» Dieben vorgewiesen, die ehrlich hungerten. Der Hungerstreik wurde abgebrochen, und die Macht der «Autoritäten» nahm rapide ab.

Alle diese Umstände, und nicht nur sie, führten zum Verfall der Tradition der gesetzestreuen Diebe. Einige Historiker, die sich mit der kriminellen Sphäre befassen, sind der Ansicht, daß die Diebesgruppen zu Beginn der sechziger Jahre aufhörten zu existieren. Ich hatte Gelegenheit, mit dem Juristen Alexander Gurow darüber zu streiten. (Mit dem Standpunkt dieses Mannes, nicht nur als Wissenschaftler, sondern auch als Praktiker, werde ich mich noch ausführlicher auseinandersetzen.) Ich traf Alexander Gurow erstmals 1972. Damals war er im operativen Dienst der Moskauer Kriminalmiliz beschäftigt. Heute ist Gurow General und verantwortlicher Mitarbeiter des Ministeriums für die russische Staatssicherheit. Ich würde nicht so kategorisch urteilen, obwohl ich damit übereinstimme, daß das organisierte Verbrechen in der ehemaligen Sowjetunion seit Mitte der sechziger Jahre fast nichts mehr mit den Traditionen der gesetzestreuen Diebe zu tun hat, wie sie im ersten Drittel des

Jahrhunderts entstanden – abgesehen davon, daß früher, heute und wohl auch in Zukunft die wichtigsten, grundlegenden Gesetze jeder Verbrecherbande die Gesetze der Angst, Lüge und Niedertracht sind.

Drogenhandel

m Laufe der Untersuchung wurde festgestellt, daß in Moskau eine organisierte Bande Raubüberfälle beging. Sie wählte Personen aus, die Geld und Wertgegenstände besaßen, und erpreßte von ihnen die Herausgabe von Besitz. Die verbrecherische Bande hatte Miliuniformen und -ausweise sowie Handschellen, und ihre Mitglieder gaben sich als Milizangehörige aus.» Das sind Sätze aus dem Abschlußbericht der Akte Nr. 8055, einer Akte, die am Schluß eines der kompliziertesten Fälle Ende der sechziger, Anfang der siebziger Jahre stand.

Ich hatte über diesen Fall, über den die Öffentlichkeit damals kaum etwas erfuhr, 1972 zu schreiben. In jenem Jahr traf ich zum erstenmal mit dem jungen Milizoffizier Alexander Gurow zusammen, der an der Jagd auf diese äußerst geschickt operierende Bande beteiligt war. Zu dieser Zeit verschwiegen sowjetische Medien hartnäckig die Existenz von Drogensüchtigen und Drogenhandel im Lande. Es hieß, in einem Land, in dem der Sozialismus gesiegt habe, könne es eine soziale Krankheit wie die Drogensucht nicht geben. Die Untersuchungsergebnisse des Falles, von dem die Rede ist, bezeugten jedoch das Gegenteil: Es gab nicht nur Drogensucht, sondern auch alle mit ihr einhergehenden Begleiterscheinungen, darunter das Racket, die Erpressung von Drogenhändlern. Genau damit befaßte sich die Bande des «Mongolen».

In meinem damaligen Zeitungsartikel über die Verbrechen der Bande und darüber, wie sie von den Angehörigen der Kriminalmiliz unschädlich gemacht wurde, mußten alle Wörter, die auf Drogen hindeuteten, gestrichen oder ersetzt werden. Statt dessen war die Rede von «Spekulation», ungesetzlichem Handel, womit meine Protagonisten absolut nichts zu tun hatten. Das war eine Nummer zu klein für echte Ganoven. Heute ist klar, daß das Verschweigen in der Zeitung eine Art «Vogel-Strauß-Politik» war: Bei jedem ernsthaften Problem steckte das System den Kopf in den Sand. Das hat neben anderen Ursachen zur heutigen Blüte des Drogenhandels in den Republiken der ehemaligen Sowjetunion geführt (wenn auch zu einer relativ bescheidenen, gemessen an den «Erfolgen» zum Beispiel der USA in diesem Geschäft). Zum anderen war dieses Verschweigen einer der Gründe dafür, daß sich die Bande des Mongolen vor Bestrafung sicher fühlte. Daß es im Lande angeblich kein Drogenproblem gab, kam ihnen sehr zupaß.

Außerdem waren sich die Verbrecher sicher, daß ihre Opfer sich nicht an die Miliz wenden würden, da sie selbst in schwerwiegende Verbrechen verwickelt waren. Folgendes sagte ein Bandenmitglied mit dem Decknamen «Goldi» bei der Vernehmung aus:

«Ich erkläre, daß der Mongole mich zum Verbrechen angestiftet hat. Er sagte, daß ich keine Angst vor Folgen haben müßte, weil sie Drogenhändler überfielen. Der Mongole meinte, kein Opfer würde eine Anzeige riskieren, um nicht für die eigenen Verbrechen zur Verantwortung gezogen zu werden.»

Doch Goldi irrte, ebenso wie der Mongole. Tatsächlich waren die Opfer nicht darauf erpicht, der Miliz zu helfen. Dennoch wurden die Verbrecher und ihre Anführer im Laufe eines Monats verhaftet.

Ein paar typische Szenen.

Gegen elf Uhr morgens verließ der Mongole das Haus und machte sich an seinem Auto, einem beigefarbenen Pobeda, zu schaffen – der übliche Beginn des Tagesablaufs, den er sich in letzter Zeit angewöhnt hatte. Nach etwa fünfzehn Minuten setzte er sich ans Steuer und fuhr los. In einer Gasse hielt er und stieg aus. Die Straße war zu dieser Zeit wenig belebt. Der Mongole blinzelte gegen die Sonne und zog sein Jackett aus; es war heiß. Er überquerte die Straße und ging zum Bäcker an der Ecke. Ihm kamen zwei Männer entgegen, die sich angeregt unterhielten. Von der Straßenecke näherte sich langsam ein Wolga.

Ihre Wege – die des Mannes mit dem Jackett überm Arm, der beiden, die in ihr Gespräch vertieft waren, und des Autos – kreuzten sich am Ladeneingang. «Wir sind von der Kriminalmiliz», hörte der Mongole jemanden sagen. Das kam völlig unerwartet. Im selben Moment hatten die beiden Männer ihn schon fest an den Händen gepackt. Eine Autotür klappte, und der Mongole fand sich im Wageninnern wieder. Einige Minuten später lief bereits die erste Vernehmung.

Der Hund zog aus Leibeskräften an der Leine und ließ «Fliege», einem weiteren Mitglied der Bande, keine Ruhe zum Nachdenken. «Hau schon ab», zischte er und löste die Leine des zappligen Bologneser Hündchens. Ihn selbst quälte zu dieser frühen Stunde, um halb sechs am Morgen, nur eine Frage: Warum hatte der «Chef» in aller Herrgottsfrühe angerufen? Fliege konnte sich den Sinn des Anrufs beim besten Willen nicht zusammenreimen. Er klopfte seine Hosentaschen ab und stellte fest, daß er die Streichhölzer zu Hause gelassen hatte. Er ging auf die beiden Männer zu, die ihm auf der Allee entgegenkamen. Die werd ich um Feuer bitten, dachte er. So wandte er sich selbst an die Mitarbeiter der Kriminalmiliz; zum Rauchen kam er erst in ihrem Büro, wohin er in Hauslatschen und mitsamt seinem Hund gebracht wurde.

«Doofi» wurde erst kurz vor Neujahr gefaßt. Er war in der letzten Zeit ziemlich heruntergekommen, rasierte sich nicht, ließ sich gehen, zog von Stadt zu Stadt und hielt sich nirgends länger auf als ein, zwei Tage. Trotzdem fand er keine Ruhe. Doofi fühlte sich wie ein gehetztes Tier. Zu Bekannten ging er nicht, weil er Angst hatte, und rief nur von Telefonzellen aus an. Ihm schien es, als wäre die Miliz überall. Das Haus in der Bauman-Straße, wohin er Ende Dezember ging, hielt er für den einzigen Ort, wo man ihn nicht suchen würde. Er konnte nicht ahnen, daß man ihn auch dort erwartete. So wurde das letzte Mitglied der Bande des Mongolen verhaftet.

Da waren ein paar geschickte, dreiste und selbstsichere Verbrecher in die Falle gegangen. Die beraubten und erniedrigten Drogenhändler hatten sie tatsächlich nicht angezeigt. Mit ihnen hatte der Mongole keine Umstände gemacht und war in den Mitteln und Methoden seiner «Arbeit» nicht eben erfindungsreich gewesen. Die Bande verfuhr mit allen gleich, manche wurden mehrfach beraubt, zum Beispiel M., ein Dealer großen Stils.

M. konnte sich seinen Fehler lange nicht verzeihen; wie hatte er, der doch immer vorsichtig war, den Anruf ernst nehmen können? Mehr noch, er war sogar ohne seinen dressierten Schäferhund zu der Verabredung aufgebrochen. Der Anruf kam von der «Gaunerin»; sie habe Ware, hatte sie gesagt, und wolle sich mit ihm treffen.

Als er aus dem Haus trat, wurde er sofort gepackt, in ein Auto gezerrt und in eine unbekannte Gegend gebracht. Ein Mann in der Uniform eines Majors der Miliz forderte Geld von ihm und drohte: «Wir wissen über alle deine Geschäfte Bescheid, und wenn du nicht zahlst, bringen wir dich dahin, wo du hingehörst.»

Zuerst weigerte M. sich zu zahlen, sagte, er hätte nichts. Er wurde aus der Stadt gebracht, wo schon ein Lastwagen bereitstand. M. wurde in eine Kiste gezwängt, die auf der Ladefläche stand, und mit einer Plane zugedeckt. Sie fuhren lange. M. wurde schwindlig, er bekam in der Kiste keine Luft. Sie kamen in ein Dorf; in einer Scheune wurde er geschlagen, und die Männer drohten ihm, sich an seinen Angehörigen zu rächen. So leid es M. um das Geld tat, er begriff, daß er sich davon trennen mußte.

Am Morgen wurde er nach Moskau zurückgefahren. Aus einer Telefonzelle rief er seine Geliebte an und bat sie, alles Geld zu bringen, das im Hause war. Die Ganoven trafen sich in einem Café. Sie wechselten die verabredeten Parolen, und dann erhielt einer von ihnen das Geld, der andere seine Freiheit. Nebenbei, um sich für die Zukunft zu sichern, erzählte M. von seiner Bekannten «Fatima», die mit Drogen handelte. «Die hat Geld wie Heu», setzte er hinzu.

Für den Mongolen waren das wertvolle Informationen, und Fatima wurde bald ebenfalls ausgeraubt. Die Verbrecher verfuhren mit ihr ebenso wie mit M. Der einzige Unterschied bestand darin, daß Fatima sich erst am dritten Tag ergab, nachdem sie Bekanntschaft mit dem Bandenmitglied «Menschenfresser» gemacht hatte.

Um diese Bande ausfindig und unschädlich zu machen, bedurfte es großer Anstrengungen der Miliz. Die Ermittlungen wurden, wie erwähnt, dadurch erschwert, daß die Beraubten selbst schwiegen. Aber es war Eile geboten; die Bande wurde von Tag zu Tag dreister, und es war abzusehen, daß sie sich bald auch anderen Opfern als Drogenhändlern zuwenden würde.

Mein damaliger Artikel über diese gefaßte Bande enthielt nur einen einzigen Hinweis darauf, daß ihre Aktivitäten etwas mit Drogen zu tun hatten. Ich nannte Orte, an denen in dieser Sache ermittelt wurde, darunter Tschetscheno-Inguschetien und Kirgisien. Jetzt ist es kein Geheimnis mehr, daß diese und andere Landstriche traditionelle Erntegebiete für rauschgifthaltige Kulturen sind. Von dort wird die Ware, mit der die Drogenhändler reich werden, über das ganze Land verteilt.

Im November 1990 waren in der ehemaligen Sowjetunion über 130 000 Drogenkonsumenten registriert. Fast die Hälfte davon sind Abhängige. Ihr Bedarf wird durch den illegalen Anbau von Mohn und anderen Rauschgiftpflanzen gedeckt. Das Hauptgebiet der Drogengewinnung liegt in Mittelasien und im Fernen Osten. 1990 wurden dort 1500 Mohn- und Hanffelder entdeckt; 3000 Hektar wildwachsender Kräuter, aus denen Rauschgift hergestellt werden kann, wurden vernichtet und fast 1 Tonne Rauschgift konfisziert. Doch das ist nur ein geringer Prozentsatz der Drogen, der größte Teil gelangt trotz aller Anstrengungen der Behörden in den Handel.

Die Zahl der Drogenabhängigen übersteigt in Wirklichkeit nach Ansicht von Experten die Angaben der offiziellen Statistik um das Fünffache. Und sie wächst ständig. Damit wächst auch die Basis für den Drogenhandel mit allen seinen Auswüchsen.

Das Tschu-Tal in Kasachstan erlangte traurige Berühmtheit durch die riesigen Erträge von indischem Hanf (Cannabis), aus dem Marihuana und Haschisch gewonnen werden. Aus allen Teilen des Landes kommen in der Saison Hunderte von «Jägern» auf der Suche nach dem Rohstoff für die Drogenherstellung hierher. Im Sommer 1989 waren unter ihnen zwei junge Journalisten einer kasachischen Jugendzeitung, die sich eine interessante Aufgabe gestellt hatten.

Fernsehen und Zeitungen berichteten immer wieder, daß die Miliz alle Anstrengungen unternehme, um die «Jäger» zu fassen, und daß alle Zugänge des Tals bewacht seien. Doch die Redaktion der Jugendzeitung in Alma-Ata hatte auch andere Informationen erhalten. Es wurde bekannt, daß ein Milizangehöriger aus dem an das Tschu-Tal grenzenden Kreis unter dem Verdacht, Rauschgift gelagert und verkauft zu haben, verhaftet worden war. Also dachten sich die Journalisten: Wenn der «Oberdetektiv» des Kreises in den Drogenhandel verwickelt ist, wie werden dann die einfachen Milizionäre mit dieser Angelegenheit fertig? Sie wollten dieser Frage mitten in der Saison an Ort und Stelle nachgehen.

Die jungen Reporter beschlossen also, für eine Weile «den Beruf zu wechseln» und «Cannabis-Jäger» zu werden. Ihre Idee war einfach, sie wollten wie gewöhnliche Rauschgiftsammler handeln und sich von der Miliz schnappen lassen. Und dann einen Artikel darüber schreiben.

Aber es kam anders. Sie gelangten tatsächlich in das Tal, trafen aber auf keinen einzigen Milizionär, geschweige denn ganze Kordons. Sie füllten ein Fünfliterglas mit Haschischhanf und brachten es ebenso ungehindert in die Redaktion, wo das Rauschgift im Safe des Chefredakteurs eingeschlossen wurde. Zum Erstaunen der Journalisten hatte kein Einheimischer sie der Miliz gemeldet, im Gegenteil, sie hatten ihnen geholfen, an Ort und Stelle zu gelangen, und sie mit Ratschlägen versorgt, wie sie einer Begegnung mit den Ordnungshütern entgehen könnten. Das war jedoch gar nicht nötig gewesen.

Die Reporter veröffentlichten einen Bericht über ihre Erfahrungen, der die Miliz in kalte Wut versetzte. Es wurde alles getan, um die Journalisten anzuschwärzen und die Ordnungshüter vor der Verantwortung für ihre Untätigkeit zu schützen. Da mischte sich die Zeitung *Iswestija* in die Sache ein. Natürlich liegt es mir fern, alle Milizionäre zu beschuldigen, mit der Drogenmafia unter einer Decke zu stecken, und auch die Journalisten haben nicht ganz legal gehandelt. Aber ist denn das die Hauptsache an dieser Geschichte?

Die Hauptsache sind der ständig wachsende Drogenkonsum und die mehr als bescheidenen Erfolge der Rechtsschutzorgane im Kampf dagegen. Die bereits genannte Zahl von 130 000 Drogenkonsumenten lag vor zehn Jahren bei der Hälfte. Der größte Teil der Abhängigen sind junge Menschen unter dreißig. Untersuchungen belegen, daß bei gleichbleibendem Wachstumstempo die Zahl der Drogensüchtigen bis zum Jahr 2000 auf 250 000 steigen wird. Doch mit dieser Zahl ist noch nicht das ganze Problem erfaßt.

Im Drogengeschäft ist die Dunkelziffer so hoch wie in keinem anderen kriminellen Metier, und die tatsächliche Zahl der Drogenabhängigen ergibt sich, wie schon erwähnt, wenn man die offiziellen Angaben verfünffacht. Das heißt, die Nachfrage nach Drogen wird ständig zunehmen und damit auch Produktion und Handel von Rauschgift. Es tauchen neue Drogen auf, die in illegalen Laboratorien hergestellt werden. Die Kriminalität auf diesem Gebiet nimmt immer mehr organisierten, interregionalen, sogar internationalen Charakter an. Schon heute wird der Drogenumsatz im Land auf etwa 400 Millionen Rubel geschätzt.

Wenn ich vom internationalen Charakter des Drogengeschäfts spreche, meine ich vor allem folgendes: Der Krieg in Afghanistan war nicht nur eines der größten Verbrechen gegen die Menschlichkeit, das dem afghanischen und dem sowjetischen Volk großes Leid gebracht hat. Für viele junge Männer wurde er außerdem zu einer weiteren Tragödie. Sie gewöhnten sich an das Rauschgift, das in Afghanistan weit verbreitet ist, andere stiegen in den Drogenhandel ein. Was in Afghanistan für Kopeken zu haben ist, kostet in der UdSSR Rubel, Hunderttausende.

Darüber, wie auch über den Krieg selbst, wurde in unserer Presse lange nichts geschrieben. Jetzt aber werden solche Tatsachen zum Entsetzen der Öffentlichkeit publik. In der Militärstaatsanwaltschaft konnte ich ein Dokument einsehen, aus dem hervorging, wie Offiziere Rauschgift einführten und verkauften, wie, in militärischem Gerät versteckt, Hunderte Kilogramm Marihuana, Haschisch und Opium in die Sowjetunion gebracht wurden. Diese kriminelle Brücke wurde in den Jahren des Krieges gut ausgebaut.

Mehr noch, diese Brücke wurde auf dritte Länder erweitert. Jetzt konnten Miliz, Staatssicherheit und Zoll in engem Zusammenwirken mit Interpol und der Polizei westeuropäischer Länder bereits mehrere große Rauschgiftlieferungen stoppen, die von Pakistan über Afghanistan und die (ehemalige) UdSSR nach Europa gebracht werden sollten. Damit haben die sowjetischen bzw. russischen Truppen nichts mehr zu tun. Doch das Gift nimmt noch immer den Weg über diese Brücke.

Der Generalleutnant der Miliz W. Pankin, mit dem ich oft über das Drogenproblem gesprochen habe, stimmt mit mir darin überein, daß wir zu spät aufgewacht sind, daß uns die Folgen des Drogenkonsums zu spät bewußt wurden. Vielleicht handelt die Miliz deshalb noch so unerfahren und wenig organisiert im Kampf gegen dieses Übel. Haschisch und Marihuana sind für jene, die bereits Rauschgift nehmen oder in den Konsum einsteigen, durchaus nicht schwer zu bekommen. Cannabis nehmen etwa ein Drittel aller Drogenkonsumenten, insgesamt machen pflanzliche Drogen 80 Prozent des Gesamtumsatzes aus.

Dazu trägt natürlich auch die Natur bei; wilder Hanf wächst im Fernen Osten, an der Wolga und im Nordkaukasus in rauhen Mengen. Am meisten aber im Tschu-Tal, auf fast anderthalb Millionen Hektar. Diese Dimensionen erschweren die Arbeit der Miliz; fünfhundert Milizionäre und mehrere Hubschrauber, die täglich die Ebene überwachen, sind nicht imstande, sie auch nur zu erfassen, geschweige denn, sie zuverlässig abzuriegeln.

Und ein letzter Umstand. Ein Drogenabhängiger kann mit seiner Krankheit zehn- bis fünfzehn Personen «anstecken». Und noch eine, nicht weniger ernste Gefahr bringt die Drogenabhängigkeit mit sich: Sie hängt eng mit Verbrechen wie Diebstahl, Mord und Raub zusammen. Ein psychisch und physisch Abhängiger braucht, um seinen Bedarf zu decken, täglich bis zu eintausend Rubel. Das ist ein durchschnittlicher Monatslohn, es ist also klar, daß soviel Geld auf ehrlichem Weg nicht aufzubringen ist. Der Drogenhandel aber wirft unglaubliche Gewinne ab, so daß im Umfeld der Drogenabhängigen viele unsaubere Geschäftsleute zu finden sind. Eine Streichholzschachtel Marihuana kostet zum Beispiel in Kasachstan zehn Rubel, in Moskau ungefähr das Zehnfache. (Hier sei gesagt, daß alle Preise, die ich anführe, nur bedingt stimmen: Das Tempo der Inflation ist in letzter Zeit so hoch, daß die Preise nicht täglich, sondern stündlich steigen. Natürlich wirkt

sich der Preisanstieg augenblicklich auf den Preis für
«Gras» und andere verbotene Waren aus, von denen im
weiteren die Rede sein wird.)

Lohnt sich das Risiko (die Gesetze gegen Drogenhandel
sind hart, damit sind schnell zehn und mehr Jahre Gefängnis «verdient») für einen solchen Gewinn? Die Fakten
weisen leider darauf hin, daß die Händler diese Frage be-
jahen. Die Nachfrage ist groß, die Profite sind phanta-
stisch, deshalb dreht sich das Karussell des Drogenhandels immer schneller.

Prostitution

Marina wurde erst nach zwei Tagen vermißt. Ihre Freundin Ljusja, der Marina Geld schuldete, suchte sie. Sie rief der Reihe nach alle Freundinnen an, erkundigte sich bei Marinas Arbeitsstelle – niemand hatte sie gesehen oder wußte, wo sie war. Auch ihr Mann nicht, der sich im übrigen aber keine Sorgen machte; in ihrer Beziehung war es seit langem nichts Ungewöhnliches mehr, daß seine Frau für mehrere Tage verschwand. Ljusja rief in ihrer Unruhe sogar den Rettungsdienst und die Miliz an, bis sie dann zufällig erfuhr, daß Marina vor zwei Tagen im Restaurant «Budapest» gewesen und von dort wahrscheinlich zu «Rotschopf», einer gemeinsamen Bekannten, gefahren war. Daß ich nicht gleich darauf gekommen bin, dachte Ljusja und rief noch einmal Marinas Mann an. Obwohl sie sogar einen Schlüssel zu Rotschopfs Wohnung hatte, wollte sie nicht allein dorthin fahren.

Zu zweit standen sie vor verschlossener Tür. Sie hörten in der Wohnung eine Katze miauen. Sie beschlossen, nicht zu klingeln, um die Freundinnen zu überraschen.

Im Flur sahen sie sofort Marinas Sachen und wußten, sie war tatsächlich hier. Aber es roch irgendwie seltsam... Wenige Minuten später rannten sie in Panik aus der Wohnung, warfen die Tür hinter sich zu und stürzten zu den Nachbarn, um die Miliz anzurufen.

Es lagen drei Leichen in der Wohnung, auf dem Bett im kleinen Zimmer ein Mädchen und noch zwei Frauen im anderen Zimmer. Ein Irrtum war ausgeschlossen: Die da in ein Laken eingewickelt vom Sessel herunterhing, war Marina. Es sah so aus, als wären alle drei mit etwas Weißem geknebelt. Das war Schaum, sie waren erdrosselt worden. Die Mordwaffen, Schnürsenkel und ein Telefonkabel, lagen daneben.

Die Mörder zu finden war nicht schwer; viele hatten Marina und Rotschopf zusammen im Restaurant gesehen. Kein Wunder, sie waren auffällig angezogen, laut und redeten viel. Der Kellner erinnerte sich sofort. Er erinnerte sich auch an die beiden jungen Männer, die sich an ihren Tisch gesetzt hatten. Sie waren dann zusammen gegangen, gegen elf Uhr abends.

Sergej und Viktor, so hießen die beiden, fand die Miliz auch recht schnell. Sie wohnten im Hotel «Budapest», wo sie beim Abendessen die beiden Freundinnen kennengelernt hatten. Beide erzählten bereitwillig und ausführlich von jenem Abend. Nachdem sie eine Weile zusammengesessen hatten, waren sie übereingekommen, ihre Bekanntschaft zu vertiefen. Sie hatten Wodka gekauft und waren zu Rotschopf gefahren. Über den Preis für das Vergnügen hatten sie sich bereits beim Essen geeinigt. Die Frauen sollten je hundert Rubel bekommen. Nur zu diesem Zweck waren sie mitgefahren. Warum hatten Sergej und Viktor sie getötet?

Wir waren betrunken, antworteten sie. In ihrer Trunkenheit hatten sie auch gemeint, ihre beiden neuen Bekannten müßten reich sein, bei ihnen gebe es etwas zu holen – ein «Geschäft», das Sergej und Viktor in letzter Zeit, von Stadt zu Stadt ziehend, schon häufiger betrieben hatten. Sie hatten ihre Opfer erst bezahlt und dann erdrosselt. Als sie die Wohnung verlassen wollten, war ihnen eingefallen, daß im Nebenzimmer Rotschopfs Schwester schlief. Dieses Mädchen, fast noch ein Kind, hatten sie nicht einmal gesehen, dennoch verfuhren sie mit ihm auf die gleiche grausame Weise.

Bei der Untersuchung wurden die Angeklagten gefragt, ob es ihnen nicht leid getan habe, die Frauen zu töten.

«Leid getan? Überhaupt nicht, das waren doch Nutten.» Sergej schien über die Frage erstaunt zu sein.

Mit der Prostitution ist in der (ehemaligen) UdSSR dasselbe passiert wie mit dem Drogengeschäft. Der Gesellschaft wurde eingeredet, daß es sie nicht gebe, darum tauchte nicht einmal das Wort in offiziellen Dokumenten auf, weder in Artikeln von Journalisten noch in Protokollen der Miliz, und darum sind viele Bürger bis heute davon überzeugt, daß die Prostitution erst existiert, seit die Zeitungen darüber berichten. «Unter Stalin gab es so was nicht!» wiederholen die Verfechter der starken Hand.

Sie irren sich. Es gab sogar Schlimmeres – wenn die Frauen sich nicht für Geld verkauften, sondern für ein Stück Brot oder eine Schüssel Suppe, in den Stalinschen Lagern. Wenn sie sich aus Verzweiflung und Angst hingaben, um ihre Angehörigen vor der Willkür der Stalinschen Sonderdienste zu schützen. Und von Lawrenti Berija, dem Chef des Unterdrückungsapparates vom Ende der dreißiger Jahre bis zu Stalins Tod, dessen Mordmaschinerie Millionen Menschen zum Opfer fielen, ist allgemein bekannt, daß auf seinen Befehl Frauen direkt von der Straße weggefangen und in geschlossene Vergnügungshäuser gebracht wurden. Übrigens stammte von Berija auch die Idee, die Prostitution zu politischen Zwecken zu nutzen. Während des Krieges wurden auf seine Initiative hin «Aufklärerinnen» in die Betten von Offizieren der Verbündeten geschickt. Es heißt, dafür seien Töchter von «Volksfeinden» angeworben worden. («Volksfeinde» wurden in den dreißiger bis fünfziger Jahren Menschen genannt, die aus politischen Gründen inhaftiert waren.) Für ihre «Arbeit» sei ihnen Sicherheit für ihre Eltern und Kinder versprochen worden.

Die Geschichte des ältesten Gewerbes der Welt brach also auch in der Sowjetunion nicht ab; es verschwand höchstens für gewisse Zeit im tiefen Untergrund, versteckte sich vor der Gesellschaft, die es nicht bemerken wollte, um sich dann zu anderen Zeiten, wie heute, wieder offen zu präsentieren. Wenn es eine negative Popularität gibt, dann genießt der Beruf der Prostituierten diese zur Zeit in unserem Land. Über sie werden Filme gedreht, Stücke geschrieben, sogar Lieder gesungen. Heute wie zu allen Zeiten blüht das Geschäft mit der Prostitution, ihre «Heldinnen» werden gleichberechtigte Teilhaber an Verbrechen oder deren Opfer.

Die Hafenstadt Noworossisk. Matrosen vom Schiff «Traklija» sitzen auf der Anklagebank. Schmuggel wird ihnen vorgeworfen. Während des Prozesses taucht eine Frage auf: Woher hatten die Täter ausländische Devisen in solchen Mengen für ihre illegalen Operationen? Wer verschaffte ihnen die Lire, Gulden und Dollars? – Mehrere Frauennamen werden genannt, die Decknamen von Prostituierten, die den Angeklagten Devisen besorgt haben.

Hier muß das besondere Verhältnis der ehemaligen Sowjetbürger zu Währungen anderer Länder erklärt werden. Aufgrund der früheren Nichtkonvertierbarkeit des Rubels und wegen des Eisernen Vorhangs, war es verboten, ausländisches Geld zu Hause aufzubewahren. Noch strenger verboten war Devisenhandel, der Umtausch, An- und Verkauf von Valuta. Somit war das, was für den Bürger jedes anderen Landes normal und selbstverständlich ist, nämlich in eine Bank zu gehen und die Währung eines beliebigen Landes einzutauschen, ohne jede Frage, woher das Geld stammt und warum er tauschen will, eine gesetzwidrige Handlung.

Ein beliebtes Café in Noworossisk, das «Brigantina». Es ist Abend. An der Bar drängen sich die Leute. Ich sitze dort zusammen mit Wassili Ustjuschanin, einem Mitarbeiter der Miliz. Sein Revier ist die Bekämpfung der Prostitution.

Eine nicht mehr ganz junge Frau mit gefärbtem Haar (für ihre Freunde «Schneemensch») winkt uns zu: «Ach, Wassja, du hast mir den Abend verdorben!»

Der höfliche Ustjuschanin tut ganz erstaunt. Doch die Prostituierte läßt nicht locker: «Was belästigst du mich dauernd? Du hast mir meine ganzen Kunden verscheucht! Wir sind erwachsene Frauen.» Und sie rät ihm mit dem Recht der alten Bekannten: «Erzieh lieber die Minderjährigen.»

Sie alle, die ganz Jungen, noch nicht Volljährigen, und die Älteren, die schon graue Haare bekommen, die sie mit Farben aller Schattierungen kaschieren, sie alle werden «Mädchen» genannt. Das älteste Gewerbe der Welt ist die Kehrseite vieler Hafenstädte. Es zerstört menschliche Schicksale, manchmal auch Leben.

Die Einwohner von Noworossisk erinnern sich noch an den Mord an einer Prostituierten mit dem Spitznamen «Weißes Pferd». Kurz nach dem Prozeß übernahm ein anderes Mädchen den Namen, «erbte» ihn.

Die Mädchen vom leichten Gewerbe sind von Verbrechern verschiedenster Art umgeben. Übrigens bestehlen sie selbst auch Ausländer. Zum Beispiel so: An der Wohnungstür einer

Prostituierten, die gerade einen Gast bei sich hat, klopft es. «Miliz! Hau ab!» Und der ahnungslose Kunde flieht durchs Fenster. Beinah so, wie ihn die Mutter geboren hat. Ein auf diese Weise Betrogener (genauer gesagt, Bestohlener) geht nicht zur Miliz, er hat ja selbst Dreck am Stecken.

Die Prostituierten, die (zum Beispiel verglichen mit einem Ingenieur) nicht schlecht verdienen, stellen Taxifahrer an, die sie faktisch zu ihren persönlichen Chauffeuren machen. Zu zweit oder zu dritt mieten sie eine «Dienstwohnung». Es wäre naiv zu glauben, daß die Vermieter nicht über die Interessen ihrer «Untermieterinnen» Bescheid wüßten. Aber auch hier – Geld öffnet alle Türen.

Jemand hatte Tanja und Alla eine Wohnung vermietet. Dort gingen sie auch ihrem Gewerbe nach. Schließlich hob die Miliz in der Wohnung ein Drogennest aus. Drogen wurden auch bei der Haussuchung und bei der eines Wohnungseinbruchs verdächtigten Prostituierten Larissa gefunden.

Ein fünfzehnjähriges Mädchen kam übel zugerichtet und mit zerrissenen Kleidern nach Hause. Die Mutter wußte nicht, was sie tun sollte, und die Tochter schwieg auf alle Fragen, konnte der Mutter ja nicht erzählen, daß sie von Prostituierten geschlagen worden war. Sie, die Erfahrenen, die ihre Einflußsphären haben, dulden keine Konkurrenz. Etwas anderes ist es, wenn sie selbst jemanden in ihren Kreis einführen. Dann ist Schutz garantiert.

Doch Schläge schrecken längst nicht alle ab. Solche «Minderjährigen» hatte «Schneemensch» gemeint, als sie mit dem Milizionär sprach. Jugend ist auch eine Ware, eine der wichtigsten.

Daß vierzehn-, fünfzehnjährige Mädchen sich verkaufen, ist für die Umwelt kein Geheimnis. Jene fünfzehnjährige Schülerin fand Beschützer. Sie wurde nicht mehr geschlagen. Sie begann, Geld zu verdienen. Die Mutter, die auch jetzt vergeblich Erklärungen von ihrer Tochter forderte, beschloß, sie zu beobachten. Die neuen «Freunde» der Tochter verprügelten nun die Mutter und drohten ihr: Wenn sie nicht aufhöre, ihre Nase in Angelegenheiten zu stecken, die sie nichts angingen, müsse sie sich auf Schlimmeres gefaßt machen.

Ausländische Seeleute und einheimische «Geschäftsleute» gehen nicht zu zufälligen Bekannten, sie geben einander Adressen, Kennzeichen und Namen der Mädchen weiter – «Filippinka», «Walka-Tod» usw. Diese Spitznamen bedeuten mehr als Namen. Die Prostituierten kennen die Gesetze gut genug, um darin Schlupflöcher für sich zu finden.

Am Ende unseres Gesprächs erzählt Wassili, Anfang der sechziger Jahre habe es nur wenige solcher Mädchen in der Stadt gegeben, nur 28. Damals war die Miliz mit diesem Gewerbe sehr einfach verfahren – die Mädchen wurden ausgesiedelt. Aber dann kamen sie zurück, und alles fing von vorn an. Was ist auch anderes zu erwarten bei Gegenmaßnahmen, die das Problem derart kurzsichtig an der Oberfläche packen! Jetzt gibt es in Noworossisk einige hundert Prostituierte.

Sie sind an vielen Verbrechen beteiligt. Die einen befassen sich «nebenbei» mit Schiebergeschäften, Betrug, illegalem Devisenhandel, Diebstahl oder sogar Raub. Andere lesen Brosamen vom Tisch der «Haie» der Verbrecherwelt auf. Und fast alle werben junge Mädchen als Nachwuchs.

Wie im Sport gibt es auch bei der Prostitution eine Klassifizierung, eine eigene Hierarchie. Die Mädchen lassen sich in vier Kategorien einteilen. Ich fange unten an, bei denen, die meist als Bahnhofsnutten bezeichnet werden. Das sind die ganz Heruntergekommenen, fast immer Alkoholikerinnen, und sehr wahrscheinlich geschlechtskrank. Der Preis für das «Vergnügen» ist ein Glas Schnaps, manchmal eine Flasche billiges Parfum oder einfach ein belegtes Brot. Ihr Weg führt vom Bahnhof über die Miliz zur Zwangsbehandlung.

Die Heilstätten, wohin sie gebracht werden, heißen Stationen für Haut- und Geschlechtskrankheiten. Sie haben nicht viel Ähnlichkeit mit Krankenhäusern, eher mit Gefängnissen, jedenfalls kommt dort niemand freiwillig hin. Die Fenster sind vergittert, es gibt keine Spaziergänge, keinen Kontakt mit Männern, das Essen ist schlecht, Verstöße gegen die Disziplin werden bestraft. Von hier führt der Weg in der Regel zurück auf den Bahnhof – ein Teufelskreis, dem diese Prostituierten gewöhnlich nur durch ihren meist frühen Tod entrinnen können.

In Moskau gibt es einen Platz, den die Einheimischen den «Platz der drei Bahnhöfe» nennen. In der Kartei des Milizreviers an diesem unruhigen Ort sind viereinhalbtausend Frauen des leichten Gewerbes registriert. Doch die genaue Zahl der Prostituierten kennt niemand. Zum Vergleich – offiziell heißt es, in ganz Moskau gebe es 1200 Prostituierte. Aber damit sind wohl nur die teuersten gemeint, die Valutahuren, von denen noch die Rede sein wird. Die Miliz kennt sie tatsächlich sehr gut, denn sie arbeiten in der Öffentlichkeit. Andere Berechnungen ergeben, daß in Moskau rund 25 000 Frauen der Prostitution nachgehen. Wie viele sind es in Wirklichkeit? Und sollten hier alle mitgezählt werden, die dem nächtlichen Gewerbe nachgehen? Zum Beispiel die zweite Kategorie, die sogenannten «Rucksacknutten».

Sie reisen in Lkw-Kabinen quer durch das ganze Land. Sie verkürzen den Fernfahrern die Zeit. Ihr Preis ist gering: ein Stück Wurst, manchmal auch nur ein Obdach bei Wind und Regen.

Zur dritten Kategorie – ich habe einmal gehört, daß sie «Sowjetnutten» genannt werden – gehörten etwa Marina und Rotschopf. Ihr Arbeitsplatz sind Restaurants, wo sie nach Kunden mit Geld Ausschau halten; sie haben eigene Taxifahrer und Wohnungen. Jeden Abend, wenn die Märkte schließen, finden sich diese Mädchen scharenweise dort ein und treffen ihre Verabredungen. Auf dem Markt finden sie Kunden, die gerade einen Haufen Geld verdient haben.

Geld brauchen die Mädchen viel, sie müssen für alles zahlen. Dem Pförtner im Restaurant, damit sie eingelassen werden, den Barkeepern und Kellnern, damit sie sie mit zahlungskräftigen Kunden zusammenbringen, Garderobiers und Taxifahrern und schließlich noch den Schutzgelderpressern, die zugleich als ihre Leibwächter fungieren.

Mädchen dieser Kategorie gibt es sehr viele, aber die Miliz weiß über sie weniger als über die anderen. Meistens führen sie ein Doppelleben, gehen tagsüber ihrer normalen Arbeit nach, haben mitunter Mann und Kinder. Zu einem Zusammenstoß mit den Behörden kommt es gewöhnlich dann, wenn ein Nest ausgehoben wird, eine Wohnung oder ein Haus, das oft Hunderte von Mädchen benutzen. Dort geht es in der Regel nicht ohne Drogen, Schlägereien und Messerstechereien ab. Doch bislang werden solche illegalen Freudenhäuser nicht gerade oft ausfindig gemacht. 1988 gab es 34 derartige Straffälle, die meisten davon, zwanzig, in Usbekistan. In dieser südlichen Republik werden die Prostituierten in solchen Etablissements, meistens Minderjährige, wie Sklavinnen gehalten, sie arbeiten nur fürs Essen. Sie werden mit Betrug in diese Häuser gelockt oder auch gewaltsam dorthin gebracht und kommen nicht mehr frei.

Doch auch die Mädchen, die aus freien Stücken auf die Straße gehen, auf der Suche nach einem schönen und leichten

Leben und dem großen Geld, können sich nicht mehr befreien. Krankheiten, Alkoholismus, Drogen, frühes Altern... Wohl nur eine von hundert Frauen schafft es, ins normale Leben zurückzukehren. Die anderen werden unweigerlich in den Abgrund gezogen.

Selbst denen, die zur «höchsten Klasse» gehören, zur «Elite», die es vorziehen, statt für Rubel für harte Devisen zu arbeiten, droht die Gefahr, ganz abzurutschen oder Opfer eines Verbrechens zu werden. Unter den Valutaprostituierten sind Neid und Konkurrenz härter als bei den anderen; jede einzelne von ihnen wird von Dutzenden Augenpaaren überwacht – von Zuhältern, Schutzgelderpressern und anderen «Geschäftsleuten», die ihnen keinerlei Freiheiten, nicht die geringste Abweichung von den Spielregeln gestatten. Vor kurzem wurde in Odessa eine bekannte Valutaprostituierte von ihren eigenen Freunden und «Leibwächtern» ausgeraubt und grausam ermordet. Sie hatte einem siebzigjährigen französischen Geschäftsmann das Vertrauen in seine verloren geglaubte Manneskraft zurückgegeben. Dafür war sie von ihm fürstlich beschenkt worden. Diese selbst für Verbrecherkreise enorme Beute war der Anlaß für den Tod der Frau.

Wo bleiben Miliz und Staatsanwaltschaft? Bis Ende der achtziger Jahre sah die juristische Praxis in der UdSSR so aus: Prostituierte, die Verbrechen begangen hatten, wurden strafrechtlich zur Verantwortung gezogen. Schwieriger war es mit den anderen, den «Anhängseln», den Freundinnen der «Könige» der Kriminellen; das jedenfalls ist die Ansicht meines alten Freundes, des Juristen Valeri Rudnew. Seine Überlegungen sind von besonderem Wert, denn Valeri hat seinerzeit bei der Staatsanwaltschaft gearbeitet, in deren Zuständigkeitsbereich der bekannte, äußerst kriminogene Moskauer «Platz der drei Bahnhöfe» gehört.

«Wir kannten fast alle Prostituierten persönlich, wir haben lange Gespräche mit ihnen geführt», erzählte mir Valeri. «Aber solche Profis sind mit Worten nicht zu überzeugen, und Scham kennen sie nicht. Also haben wir sie laufenlassen, obwohl wir uns mit ihnen in ständigem ‹Kriegszustand› befanden, obwohl uns klar war, daß es neue Verbrechen nach sich zieht, wenn sie straffrei ausgehen.

Warum haben wir so gehandelt? Gegen uns war zum Beispiel die fehlende Öffentlichkeit bei diesem Problem, das doch die ganze Gesellschaft angeht. Andererseits hatten wir Mitarbeiter der Staatsanwaltschaft den Begriff ‹Prostitution› selbst schamhaft aus dem öffentlichen Bewußtsein verdrängt. Trotzdem versuchten wir Präventivmaßnahmen, wir machten von Zeit zu Zeit Razzien, erarbeiteten interne Instruktionen zur Bekämpfung der Prostitution.

Jetzt sind wir endlich aus diesem Teufelskreis herausgekommen. Der Gesetzgeber hat die Besorgnis der Öffentlichkeit zur Kenntnis genommen und darauf reagiert: Es wurde ein Gesetz erlassen, das die Prostitution als Ordnungswidrigkeit einstuft. Darin ist festgelegt, daß Prostitution beim erstenmal mit einer Verwarnung oder einer Strafe von 100 Rubeln geahndet wird. Tritt nach Zahlung einer Ordnungsstrafe im Laufe eines Jahres der Wiederholungsfall ein, erhöht sich die Strafe auf 200 Rubel.

Gegen Prostituierte können außerdem Ordnungsstrafarrest, Durchsuchung und Beschlagnahme von Eigentum angewandt werden. Ein Protokoll über die Prostitution wird von der Miliz aufgenommen, verhandelt wird vor den Verwaltungsrechtskommissionen der Kreis- oder Stadtexekutivkomitees. Personen, bei denen der Verdacht auf eine Geschlechtskrankheit vorliegt, werden zu einer medizinischen Untersuchung überwiesen.

Gleichzeitig wurde eine andere Seite des Problems gelöst. Das Ordnungsstrafgesetzbuch wurde um einen Artikel erweitert, der festlegt, daß Ordnungswidrigkeiten wie die Belästigung ausländischer Bürger zum Zwecke des An- und Verkaufs oder anderweitigen Erwerbs von Sachwerten (womit sich die Prostituierten auch intensiv befassen) mit einer Ordnungsstrafe von 100 Rubeln und der möglichen Konfiszierung der erworbenen Gegenstände geahndet werden. Im Wiederholungsfall wird strenger bestraft.

Ein Gesetz gegen die Prostitution gibt es also. Nun muß es auch angewandt werden.»

Doch auch Rudnew glaubt nicht, daß ein soziales Übel wie die Prostitution mit diesem Gesetz bekämpft werden kann. Ich bin überzeugt, für die Prostituierten sind solche Strafen soviel wert wie Medizin für einen Toten.

Das zeigt eine einfache Rechnung.

Die Mädchen, die mit Ausländern «arbeiten», sind zwar die kleinste Gruppe, aber auch die am besten erforschte. Zum Beispiel sind ungefähre Angaben über ihre Einnahmen und Ausgaben bekannt. Das durchschnittliche Jahreseinkommen abzüglich der «Unkosten» lag noch 1990 bei zwanzig- bis dreißigtausend Rubeln (das ist das Zehnfache eines Durchschnittseinkommens). Die «Unkosten» setzten sich ungefähr wie folgt zusammen: Einlaß ins Hotel, wo Ausländer leben – bis zu 50 Rubel, Garderobe – 5 Rubel, ein Tisch an der Bar – bis zu 20 Rubel, für den Barkeeper oder den Kellner für Kupplerdienste – 400 Rubel, für die prophylaktische Untersuchung beim Arzt – 10 Rubel. Dazu kamen die Kosten für eigene Friseure, Masseure oder für eine Sonderdienstleistung wie einen Expreß-Aids-Test für 120 Rubel. Eine Wohnung im Stadtzentrum kostete 500 Rubel im Monat. Die teuerste Dienstleistung war die Registrierung einer fiktiven Ehe mit einem Ausländer – eine Investition von mindestens 4000 Dollar. Die Schutzgelderpresser, die gleichzeitig die Leibwächter der Prostituierten sind und sie vor gewöhnlichen Räubern und den scharfen Krallen der Konkurrentinnen beschützen, kassierten von jeder bis zu 300 Rubel im Monat, an besonders begehrten Orten bis zu 50 Rubel am Tag.

Soweit also die Kosten dieser Dienstleistungen Ende der achtziger Jahre. Für den Anfang der neunziger Jahre müssen diese Zahlen mindestens mit zehn multipliziert werden, dann bekommen wir annähernd die heute gültigen Preise.

Allerdings beträgt die Strafe nach wie vor 200 Rubel. Das sind weniger als 2 Dollar. Kein Wunder, daß die Miliz damit niemanden erschrecken kann.

Die kostspieligsten Mädchen, die neben den Hotels «Intourist», «Kosmos» und anderen arbeiten, nehmen von ihren Freiern zwischen 300 und 500 Dollar für die Nacht. Der Preis ist unglaublich hoch verglichen sogar mit den einschlägig bekanntesten Plätzen in anderen Ländern. Wenn man berücksichtigt, daß Anfang 1992 der Preis für einen Dollar bei 130 Rubel und mehr lag, kann man sich ungefähr vorstellen, was die Valutafräuleins verdienen. Doch dabei darf man nicht vergessen, daß proportional dazu auch die Preise für die Dienste derer steigen, die vom Service an den Prostituierten leben.

Es gibt noch eine andere Seite des Geschäfts, die erwähnt werden muß. In dieser Zeit der Krise und des Umschwungs, die das Land durchmacht, in dieser Zeit grausamer Inflation und entsprechender Massenverelendung, hat die Prostitution auf, eine öffentlich geschmähte Profession zu sein. Ganz im Gegenteil, sie wurde zu einer der attraktivsten Methoden, in einer für alle schweren Zeit zu überleben. Die Soziologen führen besorgniserregende Daten an: Beinahe die Hälfte der befragten Mädchen gab an, der Beruf der Prostituierten käme durchaus für sie in Frage. Und beinahe ein Drittel erklärte, sie wären bereit, diese «Arbeit» nicht nur theoretisch, sondern auch praktisch auszuprobieren. Aber ich schweife ab, das ist nicht mein Thema.

Die Handelspyramide

Der Nährboden für das organisierte Verbrechen ist die Wirtschaft. Ich bin davon überzeugt, daß das immer so ist, auch wenn diese Verbindung nicht immer offen zutage tritt, beispielsweise beim Geschäft mit der Prostitution. Im letzten Kapitel war mehrfach die Rede von «Valuta». Ein Grund dafür, warum die Prostituierten ins Ausländergeschäft einsteigen, ist der Zweig der sowjetischen Kriminalität, der mit dem illegalen Devisenhandel zusammenhängt, ein Auswuchs der Abnormitäten unseres Finanzsystems.

Das Entstehen der Mafia in den USA hing bekanntlich mit der Prohibition zusammen. Der riesige unbefriedigte Alkoholbedarf förderte den Schmuggel, die Spekulation und die Entstehung illegaler Kneipen. Mit diesem Geschäft wurden die größten Mafia-Vereinigungen reich. Das heißt, natürlich entstandener oder künstlich erzeugter Mangel fördert das Aufkommen des organisierten Verbrechens.

In den USA mangelte es an Alkohol. In der Sowjetunion mangelt es an so vielen Lebensmitteln, Gebrauchsgütern und Kleidung, daß allein ihre Aufzählung mehrere Seiten füllen würde.

Vergessen Sie für einen Moment die gefüllten Regale der

deutschen Geschäfte, und versetzen Sie sich in die Lage meiner Landsleute, die von der ewigen Jagd nach etwas Eßbarem für die Familie, nach Kleidung und Schuhen für die Kinder zermürbt sind.

Im Sommer 1984 klingelte in meinem Büro in der Redaktion der *Iswestija* das Telefon. Der Anrufer war ein schon damals hochrangiger Beamter der Miliz und später stellvertretender Innenminister der UdSSR. Er bat um Hilfe. Es ging darum, daß seine Behörde einige Monate zuvor in der Stadt Rostow am Don ein Verbrechernetz im dortigen Handels- und Gaststättensystem aufgedeckt hatte. Die Einsatzgruppen nahmen die Arbeit auf, es kam zu ersten Verhaftungen. Dann geriet die gigantische Ermittlung ins Stocken, denn die Fäden reichten von Rostow nach oben, nach Moskau, in die Kabinette von Ministerien, sie tangierten hochrangige Personen, leitende Angestellte und Beamte im Handelsministerium. Die Miliz stieß auf starken Widerstand, ihre Arbeit wurde auf jede erdenkliche Weise behindert, von oben und von unten.

Das war im Jahr 1984, von Perestroika und Glasnost konnte noch keine Rede sein. Der mächtige und unter Breschnew gut ausgebaute Apparat, der durch Andropows Erscheinen in der politischen Arena nur leicht aufgestört worden war, sich unter Tschernenko aber wieder frei fühlte, war noch alleiniger Herrscher im Lande. Der Wind der Demokratie kam irgendwo oben gerade erst auf. Das Land war wie ein Wald – in den Kiefernwipfeln war Bewegung, aber die starken und mächtigen Stämme der Bürokratie waren fest und unerschütterlich im Boden verwurzelt. Wo es eine erstklassige gefestigte Bürokratie gibt, die sich als Gott und Herrscher fühlt, da blühen Korruption und Bestechung, da gibt es das sogenannte «Telefonrecht» anstelle von Gesetz, Staatsanwaltschaft und Gericht.

«Telefonrecht» – das ist ein bei uns weit verbreiteter Begriff für eine leider noch immer nicht ganz verschwundene Praxis. Das Wesen dieses «Rechts» besteht darin, daß verschiedene Instanzen von Partei, Staat und Militär bei Bedarf einfach Miliz, Staatsanwaltschaft oder Gericht anrufen und «Empfehlungen» geben. Einen solchen «Auftrag» oder «Rat» nicht zu befolgen ist in einem Staat mit einem zentralistischen bürokratischen System unmöglich. Und es ist in der Regel sehr schwer, die Beteiligung der jeweiligen Instanz an solchen ungesetzlichen Handlungen nachzuweisen, da es keine schriftlichen Belege gibt. Auf Erscheinungen dieser Art werde ich noch häufiger zu sprechen kommen.

Mein Bekannter bat mich also um Hilfe, weil er glaubte, die Veröffentlichung der der Miliz bekannten Fakten würde helfen, die ins Stocken geratene Sisyphusarbeit voranzutreiben. In den Jahren meiner Tätigkeit bei der Zeitung hatte ich es mir angewöhnt, mir möglichst selbst ein Bild von den Fakten zu machen, an Ort und Stelle, und Informationen aus erster Hand zu bekommen. Ich beschloß, nach Rostow zu fahren, wo mir die mit der Angelegenheit befaßten Mitarbeiter der Miliz Einblick in die Situation gewähren wollten. Sie versprachen, mich mit dem Stand der Dinge vertraut zu machen und Begegnungen mit den Protagonisten der bevorstehenden Ereignisse, die noch nicht ahnten, was auf sie zukam, zu arrangieren. Solche «Protagonisten» gab es in dieser Kette von Moskau bis Rostow viele, und sie saßen in äußerst gewichtigen Sesseln.

Deshalb stand mir eine etwas ungewöhnliche Dienstreise bevor, die ich publizistisch erst verwerten konnte, wenn ich Notizbuch und Kassetten mit überzeugenden Beweisen für die Verbrechen gefüllt hatte. Im eigenen Land als Reporter einer zentralen Zeitung die Rolle eines Aufklärers zu spielen ist eine seltsame Erfahrung. Um die Recherchen durchführen zu können, mußte ich mich für eine gewisse Zeit verstecken, denn die «Stadtväter» hatten bereits von der Ankunft eines Reporters in Rostow erfahren, bevor ich dort eintraf. Es sollte ein Geheimnis zwischen mir und der Miliz bleiben, wie ich meine Unterkünfte wechselte und vorzeitige Begegnungen zu vermeiden suchte. Jedenfalls gelang es, den Reporter unauffällig in die Einsatzgruppe einzuschleusen.

Die Situation, mit der jeder Durchschnittsbürger der Stadt, jeder Kunde konfrontiert war, sah im einzelnen so aus:

Der Laden Nr. 47 spekulierte mit Butter – das war die erste Information, die bei der Miliz eingegangen war. Verkauft wurde unterm Ladentisch, nur an Bekannte. Das Geschäft wurde beobachtet, was zu einigen aufschlußreichen Ergebnissen führte. Das Geschäft bekommt zum Beispiel Tee aus Krasnodar, das Päckchen für 38 Kopeken. Die Direktorin schreibt den Verkäufern jedoch einen anderen Preis vor, 50 Kopeken, sie müssen also den Tee teurer verkaufen. Die Differenz eignet sich die Direktorin, Frau Ponomar, an. Ein Teil der Verkäufer ist durch Schmiergelder in dieses Geschäft gekommen. Eine Stelle kostet 100 Rubel. Für eine Schichtwoche kassierte Frau Ponomar von jedem Verkäufer 30 Rubel. Diese Erpressung trieb die Verkäufer ihrerseits zu Manipulationen. Die Milch zum Beispiel verdünnten sie mit Wasser. So konnten sie für sich etwas abzweigen und mit der Chefin teilen.

Die ersten Ermittlungen der Miliz bestanden darin, sich über alle Beziehungen zwischen der Chefin und ihren Untergebenen ein detailliertes Bild zu verschaffen. Die Verkäufer haßten sie. Später stellte sich heraus, daß Frau Ponomar mit der Direktorin eines anderen Ladens, des Geschäfts Nr. 5, eng zusammenarbeitete. Diesem Geschäft oblag die Versorgung von Kindergärten, Krippen, Schulen und Krankenhäusern. Es wurde mit hochwertiger Butter beliefert, die problemlos zu erhöhten Preisen, für etwa 5 Rubel, verkauft werden konnte. (Der staatliche Preis beträgt 3 Rubel 60 Kopeken.) Frau Ponomar bekam Butter minderer Qualität, mit der keine Geschäfte zu machen waren. Deshalb tauschte sie mit Frau Fil, der Direktorin und Freundin. Natürlich nicht umsonst. Und als «Nebeneffekt» ihres Diebstahls bekamen Kinder und Kranke die schlechtere Ware, die bessere wurde schwarz verkauft.

Endlich war der richtige Moment gekommen. Die Miliz wußte, daß die zum Verschieben vorgesehene Ware angeliefert worden war und im Keller lag. Ein Teil war schon verpackt. Es war kurz vor den Feiertagen, Käufer gab es mehr als genug. Zwei Einsatzgruppen fuhren frühmorgens, gegen sechs, zu dem Laden. Eine umfassende Kontrolle wurde durchgeführt. Die erste Aufgabe bestand darin, die zur Bereicherung bestimmte Butter zu finden. Tatsächlich standen im Kühlschrank Gläser mit Butter. Im Keller wurden, unter Kisten versteckt, noch andere Mangelwaren gefunden, armenischer Kognak, Konfekt, Tee...

Es ist für unseren Zusammenhang wichtig, diese unterste Etage der Handelsmanipulationen zu betrachten. Sie hat die größten Ausmaße. In vielen Geschäften wie dem beschriebenen wurde die Basis für die «Pyramide», ihre Grundfläche, aufgebaut und gefestigt. Von hier aus führte die Bestechungskette die Treppe des Handelssystems hinauf, bis in die scheinbar so strengen Flure der Ministerien.

Untersuchungsrichter und Miliz stiegen die Treppe Stufe für Stufe nach oben. Mit jeder neuen Verhaftung zeichnete sich das sorgfältig aufgebaute Gebäude deutlicher ab, in dem jeder stahl – für sich und um pünktlich ein dickes Kuvert für seinen Chef bereitzuhalten. Das Risiko, entdeckt zu werden, war minimal. Hier herrschten strenge Hierarchie und unerschütterliche Subordination. Ein Dieb, der die Karriereleiter emporstieg, zog auf seine Stelle jemanden nach, der im Zweifelsfall schweigen und sein Schmiergeld pünktlich, zuverlässig und ohne Mahnung abliefern würde. Kehren wir zu den beiden Frauen zurück.

Frau Fil hatte früher als Stellvertreterin von Frau Ponomar gearbeitet. Der nächste Schritt, die nächste Stufe. Der Chef der beiden, ein gewisser Derjomow, bekam von ihnen regelmäßig Bestechungsgelder. Mit seiner Hilfe machten sie Karriere, sie hatten schon lange dienstlich miteinander zu tun. Als Frau Fil und Frau Ponomar die ihnen zur Last gelegte Erpressung gestehen mußten (die von den Verkäufern kassierten «Abgaben»), erklärten sie, daß sie das Geld den Vorgesetzten gezahlt hätten. Warum? «Wir mußten zahlen, um Mangelwaren zu kriegen.»

Von Derjomow ist es nur noch ein kleiner Schritt zum Hauptbuchhalter der Handelsverwaltung Below, zum Parteisekretär Lipko und zu den Buchhaltern, die Revisionen durchführten. Und schließlich zu Bobrow, dem obersten Handelschef der Stadt. Er war, wie unschwer zu erraten, Derjomows Amtsvorgänger gewesen.

Derjomow wurde in seinem eigenen Büro festgenommen. Kurz vor den Feiertagen. Und prompt fanden sich zwei Kisten Kognak neben dem Schreibtisch des Chefs. Die Miliz kam ungelegen, Derjomow wollte gerade in die Sauna.

Die Sauna fiel aus. Statt dessen gab es eine Haussuchung. Als die Miliz die Wohnung gründlich inspizierte, verschwand plötzlich Derjomows Tochter aus ihrem Zimmer. Kurz darauf krachte es auf dem Dach. Sie war aus dem Fenster geklettert und hatte versucht, unbemerkt auf den Boden zu gelangen. Dort standen gut versteckt zwei Blechbüchsen mit Gold.

Das nächste Glied ist Urkin, der Direktor des in dem riesigen Traktorenwerk Rostselmasch gelegenen Geschäfts Nr. 64. Dieser Sonderladen war zur besseren Versorgung der Arbeiter eingerichtet worden. Er wurde planmäßig mit 40 Tonnen Fleisch monatlich beliefert. Noch einmal soviel schlug Urkin durch große Worte und hohe Bestechungsgelder heraus. Das Fleisch war von verschiedener Güte, kostete also entsprechend auch verschieden. Abgepackt wurde alles durcheinander, verkauft nur zum Höchstpreis. Diese simple, dreiste Transaktion brachte einen phantastischen Gewinn. Später wird von über einer Million Rubel die Rede sein.

Urkin lebte auch seinen Einkünften entsprechend. Er bewohnte ein riesiges, luxuriös eingerichtetes Haus. Sein offizielles Gehalt betrug 137 Rubel. Auf die Frage: «Arkadi Naumowitsch, reicht Ihr Gehalt denn wenigstens für die Stromrechnung bei so einem Haus?», antwortete er ungeniert: «Nicht immer.» Der Garten wurde mit einem Metalldetektor abgesucht. Unter einer Tanne vergraben fand sich eine Blechbüchse. Sie enthielt 4000 Rubel und Schmuck im Wert von 80 000 Rubel. Als sie zu graben begannen, griff Urkin sich ans Herz. Dann beruhigte er sich, winkte ab und sagte: «Zum Teufel damit, das sind Kleinigkeiten.»

Verblüffend sind das Geschick und der Zynismus dieser Leute. Und vor allem ihre Anpassungsfähigkeit. Sie haben es nicht nur verstanden, auf alle erdenkliche Art mit Mangelwaren zu jonglieren. Ebenso gut jonglierten sie zu ihrer Bereicherung mit Begriffen, die uns teuer sind, wechselten sie unbefangen in Rubel und Kilogramm. Warum zum Beispiel bekam die Direktorin immer die knappe Butter? Ja, wer hätte denn gewagt, ein kategorisches «Njet» auf die Bestellung zu schreiben, wenn es um die vollwertige Ernährung von Kindern und Kranken ging? Allerdings war auch derjenige, der die Butter verteilte, kein Kind, er wußte, wohin sie gehen und wie sie – genauer gesagt: wie sie nicht – in Schulen, Krankenhäuser und Kinderkrippen gelangen würde. Aber das demagogische «Dach» der Räuber war wasserdicht. Wenn zusätzliche Tonnen Fleisch gebraucht wurden, war die Rede von den «Werktätigen des ordensgeschmückten Rostselmasch», des «größten Betriebs in der Branche». Für die Räuber bedeuteten neue Fonds nur neues Geld. Für sich und «die da oben».

«Oben» saßen solide, ernsthafte Menschen. Einem der regionalen Handelschefs wurde bei seiner Festnahme selbstverständlich der Haftbefehl zur Kenntnis gebracht und zur Unterschrift vorgelegt. Ohne eine Miene zu verziehen, unterschrieb er das Papier mit Natschalnik-Geste und reichte es wie gewohnt seinem Sekretär. Der Habitus des hohen Natschalniks blieb selbst in solch einem Moment erhalten.

Die Ermittlungen gingen zügig voran. Schon geriet der stellvertretende Leiter der Handelsverwaltung des Gebiets Welitschko ins Blickfeld der Miliz. Der nächste war Budnizki, sein unmittelbarer Vorgesetzter. So wurde die Pyramide nach oben immer schmaler.

An dieser Stelle bedarf es noch einer Erklärung. Unser Handelssystem ist schwerfällig und hat viele Stufen: Geschäft, Handelsverwaltung des Kreises, der Stadt, des Gebiets, und schließlich das Ministerium der Republik. Die Verteilung der sogenannten Fonds – das ist alles, vom Knopf bis zum Auto – erfolgt von oben nach unten. Je mehr von oben gegeben wird, desto mehr kommt unten an – oder, was wahrscheinlicher ist, desto mehr wird auf dem Weg zum Geschäft gestohlen. Darauf beruht die Pyramide.

Nachdem viele Chefs der Handels- und Gaststättenverwaltungen der Stadt und des Gebiets Rostow verhaftet waren, brach über die Stadt plötzlich der «Überfluß» herein. Die Regale der Geschäfte präsentierten vorübergehend ungewohnte Vielfalt. Die Mangelwaren wanderten aus den verschiedensten Geheimlagern in die Schaufenster. Zu staatlichen Preisen, wohlgemerkt. Mir wurde sogar von einem glücklichen jungen Mann berichtet, der damals an einem Stand auf der Straße echte Importjeans gekauft hatte. Für achtzig Rubel. Budnizki saß zu dieser Zeit in Untersuchungshaft. Nicht ohne Humor fragte er den Untersuchungsrichter: «Ich hab gehört, in der Stadt heißt es: Budnizki sitzt, jetzt gibt's in den Läden alles. Na ja, warten wir's ab, in ein paar Monaten...»

Der ehemalige Handelschef begriff sehr gut, woher der «Überfluß» plötzlich kam: Die Händler hatten gemerkt, daß Staatsanwaltschaft und Miliz die Sache ernsthaft angepackt hatten, und schnell alle Lager, Speicher und Kühlhäuser leer geräumt. Sie wollten so schnell wie möglich Indizien beseitigen.

Räumlich blieb Budnizkis Bestechungsaffäre nicht auf Rostow beschränkt. Auf einer speziellen Handelskarte des Gebiets tauchten zum Beispiel Taganrog und Nowotscherkassk auf. Die Handelschefs dieser Städte sagten aus, Bestechungsgelder an Welitschko, Budnizki und ans Handelsministerium der Republik gezahlt zu haben. Die gelangten dann zu den Ufern der Mangelwaren wie Eisberge, die sich im Frühjahr vom antarktischen Massiv lösen. Eisberge sind den Pyramiden verwandt. Aber bei ihnen liegt der Hauptteil unter Wasser. In unserem Fall ist es umgekehrt. Die Spitze der Pyramide aus dem Rostower Gebiet verlor sich in den Wolken um die oberste Handelsverwaltung.

Zarew, Mitglied des Kollegiums des Handelsministeriums, Chef der Handelsvertretung für Stoffe, Bekleidung und Schuhe, nahm seine Verhaftung an einem grauen Moskauer Wintertag gelassen hin, er war auf dieses Ende vorbereitet. Er hatte schon vor einiger Zeit begriffen, daß die Ermittlungen nicht in Rostow stehenbleiben, daß ihre Ausläufer auch ihn erreichen würden. Geld wurde bei Zarew zunächst nicht gefunden. Die Miliz warnte ihn: wenn er seine Wertsachen nicht freiwillig herausgäbe, fiele alles Gefundene an den Staat. Außerdem würde dieser Umstand ihm strafverschärfend angerechnet werden. Zarew schwieg. Doch seine Frau holte nach langem Überlegen Sparbücher aus einem raffinierten Versteck. Sie lagen in einer Nische im Flur, zwischen den mit Linoleum bedeckten Dielen.

Zarews Verhaftung löste im Ministerium Verwunderung aus, vielen wollte es nicht in den Kopf, daß er unter Anklage gestellt wurde – ein so exakter, selbst in Kleinigkeiten rücksichtslos strenger Mensch! Ein Chef, der seine Untergebenen immer ermahnt hatte, bei Dienstreisen bescheiden zu sein. Keinerlei Freiheiten, keine Essen, Bankette, Picknicks oder Souvenirs auf fremde Rechnung. Ausgerechnet der sollte Bestechungsgelder kassiert haben?

Daß er von den Abgesandten aus Rostow Geld genommen hatte, gestand Zarew sofort.

Ganz anders als sein strenger Kollege war ein anderer Natschalnik aus demselben Ministerium, Schestopjorow. In seinem Büro fand der Untersuchungsrichter zu seiner Verwunderung viele leere und geöffnete Flaschen. Von Schestopjorows Hang zum Alkohol wußten übrigens viele seiner Kollegen. Wenn er sich tagsüber in seinem Büro einschloß, war es für niemanden ein Geheimnis, was er da tat. Sein Safe aber war voller Souvenirs und gar nicht billiger Geschenke.

Der Chef der Hauptverwaltung hatte offensichtlich von allen und alles genommen.

Busenkow war ebenfalls Mitglied des Kollegiums und Chef der Verwaltung für Planung und Ökonomie. Was für ein Gewinn läßt sich aus den vielen Papieren, die er verwaltete, ziehen? So mancher, wie sich herausstellte. Es stand nämlich in seiner Macht, einem Gebiet oder einer Region außerplanmäßige Fonds zuzuteilen oder nicht. Dem Rostower Gebiet teilte er welche zu. Gegen Bestechungsgeld. Er konnte den Warenumsatzplan kürzen oder ihn zum Jahresende korrigieren, was mitunter sehr wichtig sein kann. Und auch das tat er, wenn es entsprechend honoriert wurde.

So summierten sich die den Kunden in den Rostower Geschäften gestohlenen Kopeken zu Rubeln, wanderten von einem Händler zum anderen und gelangten am Ende zur Spitze der Pyramide. In die Brieftaschen und auf die Sparkonten derer, von denen ich hier berichtet habe.

Aus einem Vernehmungsprotokoll. – Bobrow: «Ich war buchstäblich zwei Monate Direktor der Handelsverwaltung, als mich der stellvertretende Leiter der Hauptverwaltung Handel zu sich rief und sagte: ‹Jura, wir teilen dem Rostselmasch-Werk 44 Tonnen Fleisch zu. Der Direktor des Ladens dort heißt Urkin. Du holst von ihm 2200 Rubel. Die Hälfte bringst du mir, die andere behältst du.› Das habe ich auch gemacht, bis ein anderer Stellvertreter kam. Dann hab ich dem das Geld gegeben. Wenn ich mich geweigert hätte, der Stadtverwaltung für Handel Geld zu bringen, hätte ich bestimmt nicht weiter im Handel arbeiten können. So sah das aus, entweder man zahlte, oder man war die Arbeit los.»

Zu diesem Trust gehörten nicht nur Spezialisten für Kauf und Verkauf. Hören wir weiter Bobrow: «Nach der Sitzung hielt mich Teslja zurück, Abteilungsleiter im Stadtparteikomitee. Er fragte, was die Arbeit mache, welche Schwierigkeiten ich hätte. Er sagte, wenn es Probleme gäbe, solle ich mich ruhig an ihn wenden. Es war auch von Geld die Rede, und ich holte 200 Rubel raus und gab sie Teslja. Er nahm das Geld und meinte, wir müßten uns mal treffen. Ich antwortete: Jederzeit! Ich begriff, daß mit einem Treffen ein Picknick im Grünen gemeint war.»

Wie aus der Strafakte hervorgeht, hat Bobrow später bei Teslja Schutz gesucht. Und gefunden.

Aus dem Geständnis Urkins: «Ich hatte den Laden im Rostselmasch übernommen, da forderte Bobrow einen monatlichen Betrag. Wo ich das Geld hernehmen sollte? Er erklärte, er habe selbst mit Fleisch gehandelt und wisse, wie man damit zu Geld komme.» Auf die Frage: «Warum solche Summe?», antwortete ihm Bobrow: «Was dein Laden kriegt, fällt schließlich nicht vom Himmel.»

Insgesamt hatte Bobrow, wie im Urteil festgestellt wird, von verschiedenen Personen Bestechungsgelder in Höhe von 220 343 Rubel erhalten, und er selbst hatte 140 470 Rubel gezahlt.

Ich erspare mir die Schilderung aller Machenschaften; es sind nur andere Summen, Namen und Schauplätze. Jeder der 74 Verhafteten schaffte etwas in seine «ökologische Nische». Und am Ende bekamen Krankenhäuser, Entbindungskliniken und Kindergärten keine hochwertigen Lebensmittel, und die Arbeiter hatten in ihren bestellten Paketen nur minderwertiges Fleisch. Das war der Preis für den Wohlstand der Verbrecher von unten bis oben.

Aus dem Urteil: Bobrow, Chef der Handelsverwaltung des Rostower Stadtexekutivkomitees, wurde zur Höchststrafe verurteilt, Tod durch Erschießen; Budnizki, Chef der Handelsverwaltung des Gebietsexekutivkomitees Rostow, zu fünfzehn Jahren Freiheitsentzug; Welitschko, stellvertretender Leiter der Gebietsverwaltung Handel, zu fünfzehn Jahren; Malinowski, stellvertretender Leiter der Gebietsverwaltung Handel, ehemaliger Instrukteur des Rostower Gebietsparteikomitees, zu zehn Jahren; Teslja, ehemaliger stellvertretender Abteilungsleiter im Gebietsparteikomitee, zu zehn Jahren; Schestopjorow, Chef der Hauptabteilung Versorgung im Handelsministerium der RSFSR, zu neun Jahren; Zarew, Chef der Hauptverwaltung für den Handel mit Stoffen, Kleidung und Schuhen im Handelsministerium, zu acht Jahren; Busenkow, Chef der Verwaltung Planung und Ökonomie im Handelsministerium, zu neun Jahren...

Insgesamt kamen im Zusammenhang mit der Rostower Affäre über siebzig leitende Angestellte ins Gefängnis. Drei wurden zum Tode verurteilt.

Nachdem mein Bericht über die Rostower Affäre in der Zeitung erschienen war, wurde ich mit Briefen überschüttet. Sie kamen aus den verschiedensten Städten, aber die Botschaft war immer die gleiche: In Rostow, das war noch gar nichts, kommen Sie mal zu uns nach Baku (Jerewan, Tambow, Gorki, Kasan, Alma-Ata usw.), bei uns im Handel, *das* ist eine Mafia! In der beschriebenen Rostower Situation erkannten die Menschen ihre eigene Stadt und sich selbst, wie sie erniedrigt Schlange standen nach Essen für die Kinder, sie erkannten die unverschämten Verkäufer, die die Kunden betrogen, erkannten die Natschalniks, die in schwarzen Autos an den gewöhnlichen Sterblichen vorüberfuhren und keine Schwierigkeiten bei der Versorgung ihrer Familien kannten. Pyramiden wie die von Rostow wurden in der Sowjetunion in großer Zahl errichtet, und sie existieren überall unverändert weiter.

Ein Jahr nach dem Rostower Spektakel wurde ein ähnliches Netz im Moskauer Handel aufgedeckt. Moskau ist natürlich nicht Rostow, seine größten Geschäfte kennt das ganze Land. Die Direktoren der bedeutendsten Feinkosthandlungen wurden im Zusammenhang mit dieser Affäre zur Verantwortung gezogen. Das Faktenmaterial ähnelt dem Rostower so sehr, daß ich den Leser nicht mit Einzelheiten langweilen möchte. Nur soviel: Bestechungsgelder und «Abgaben» waren etwas größer, immerhin war es die Hauptstadt, und die Namen vieler Zeugen in dieser Sache sind sehr bekannt.

Die illegalen Einkünfte der Angestellten des vornehmsten Geschäfts in der Gorkistraße, des Feinkostladens «Jelissejew», beliefen sich auf eine halbe Million Rubel, und sein Direktor Sokolow, der von jeder Abteilung monatlich hundert Rubel kassierte, steckte allein 300 000 Rubel in die Tasche. An der Spitze der Pyramide stand Tregubow, der Chef der Moskauer Handelsverwaltung; er wurde zu fünfzehn Jahren Freiheitsentzug verurteilt, und sein Eigentum wurde beschlagnahmt.

Von Zeit zu Zeit interessierten sich die Oberhäupter der Hauptstadt dafür, wie die Einwohner Moskaus versorgt würden, ob sie alles ausreichend bekämen. In solchen Fällen fuhren Autos vor, und der Erste Sekretär des Moskauer Stadtparteikomitees fuhr nach langer Vorbereitung eine vorher festgelegte Strecke, um zu überprüfen, wie es in den Geschäften der Stadt aussah. Tregubow erfuhr stets als erster von der bevorstehenden Inspektion. Er hatte immer alles vorbereitet. Auf einen Anruf hin wurden aus Lagern und Handelsbasen Lebensmittel in die bezeichneten Geschäfte gebracht, deren Namen die Einwohner kaum noch kannten. Die Verkäufer zogen schneeweiße Kittel an, die Regale bogen sich unter dem

Überfluß, und der Direktor sah besorgt auf die Uhr. Viktor Grischin konnte seine helle Freude an den zufriedenen Kunden haben. Tregubow erschien gegen Ende der Inspektion, und zwar nicht mit Krawatte, sondern in Arbeitskleidung, wohl um zu zeigen, daß der Handelschef der Stadt seine Zeit nicht mit Papieren im Büro verbringt, sondern mitten im Leben.

An einem so beflissenen Untergebenen kann ein Parteichef nichts auszusetzen haben. Deshalb fühlte sich Tregubow völlig sicher. Eine der Voraussetzungen für die Existenz der Pyramide ist die Gunst des Parteiapparats. Eine Gunst, die für Geld oder plumpe Schmeicheleien erkauft, durch Betrug oder einflußreiche Beziehungen erworben wird. In dieser Welt ist alles käuflich, selbst Siege im «sozialistischen Wettbewerb» und Orden. Aber auf dieses Thema komme ich in einem späteren Kapitel zurück; jetzt will ich mich noch einmal der Rostower Affäre zuwenden. Die Zeit, sie im Archiv abzulegen, ist leider noch nicht reif.

Als mein Artikel in der *Iswestija* erschienen war, fühlte ich mich wie jemand, der es geschafft hat, eine Bombe im Lager der Feinde zu zünden. So etwas hatte es in unserer Presse tatsächlich noch nicht gegeben. Ich verhehle nicht, daß ich stolz war auf mich und die Zeitung, die es riskiert hatte, gegen einen so mächtigen Feind aufzutreten, denn die kriminelle Kette führte in sehr hohe Amtsstuben von Natschalniks nicht nur des Handels, sondern auch der Partei. Es war schwer einzuschätzen, wie hoch und weit die Ermittlungen reichen würden. Einige Tage darauf veröffentlichte TASS die Meldung, daß der «Hausherr» des Gebiets Rostow, seit vielen Jahren fest im Sattel, von Breschnew gehätschelt und mit Orden und Ehrenzeichen überhäuft, in Pension geschickt worden sei. Doch schon damals ließ ein nagender Verdruß nicht von mir ab: Strafrechtlich wurde das Gebietsparteikomitee nicht zur Verantwortung gezogen. Ich denke, die Untersuchungsorgane konnten auch deshalb nicht genügend unumstößliche Beweise gegen die korrupte regionale Parteiführung aufbringen, weil sich eine der möglichen Hauptfiguren im Prozeß, ein leitender Mitarbeiter des Gebietsparteikomitees, in seiner Wohnung mit einem Jagdgewehr erschossen hatte, ohne ausgesagt zu haben.

Die Ereignisse in Rostow entwickelten sich auf eine so unerwartete Weise weiter, daß die Euphorie, die ich nach dem Prozeß mit vielen Menschen teilte, völlig abkühlte. Wir hatten geglaubt, endlich hätte die Wahrheit gesiegt, endlich wäre der Mafia ein empfindlicher Schlag versetzt worden! Wir hatten uns zu früh gefreut. Es begann der zweite Akt des Dramas, aber das war schon absurdes Theater.

Aus Rostow kam die Nachricht, daß einer der Köpfe, der Chef der Gebietsverwaltung Handel Budnizki, ein nicht mehr junger Mann, im Gefängnis gestorben war. Ein Skandal aber war nicht sein Tod, sondern das prachtvolle Begräbnis, das dem Funktionär, erwiesenermaßen ein Verbrecher, ausgerichtet wurde und zu dem Hunderte kamen, darunter die Chefs verschiedener staatlicher Organisationen. So demonstrierte der Apparat der Stadt und dem ganzen Land seine Macht, die aufzugeben er nicht die Absicht hatte. Die *Literaturnaja gaseta* widmete diesem skandalösen Ereignis einen Artikel mit der treffenden Überschrift «Wie sie uns zu Grabe trugen». Darin war die Rede davon, daß die Handelsmafia einfach Gericht und Journalisten verhöhnte, daß sie ihre Macht offen demonstrierte und die Hoffnungen derer, die auf die Wiederherstellung der Gerechtigkeit hofften, «zu Grabe» trug. Und das in Rostow, wo die Regale in den Geschäften nach jener kurzfristigen Fülle wieder leer waren, wo sich, wenn ein Stück Wurst zu erbeuten war, fast kilometerlange Schlangen bildeten und wo die Grundnahrungsmittel bis heute auf Karten verteilt werden.

Mehr noch, in letzter Zeit kamen Tatsachen ans Licht, die die direkten Verbindungen der Handelsmafia mit der Partei- und Staatsobrigkeit der Stadt belegen, nicht mit irgendwelchen Beamten, die längst entlassen sind, sondern mit Apparatschiks, die auch heute noch auf ihrem Posten sitzen und Macht haben. Jene Kette aber reichte bis zum Kreml, bis zum ehemaligen Referenten des Generalsekretärs Leonid Breschnew. Nicht weniger erstaunlich ist der Umstand, daß die in der Rostower Sache verurteilten Verbrecher, jedenfalls ein Teil von ihnen, vor Ablauf ihrer Haftzeit begnadigt wurden und auf ihre alten Arbeitsplätze zurückkehren sollen. Wer hat das entschieden? Welches Gericht und welche Staatsanwaltschaft hat die Entlassung der Mafiosi sanktioniert? Rätsel über Rätsel. Fragen, auf die ich heute noch keine Antwort geben kann. Wie ich auch nicht mit Sicherheit weiß, ob Justitia sich noch einmal der Rostower Affäre zuwenden und sie zu Ende führen wird. Seit ihrem scheinbaren Triumph sind erst fünf Jahre vergangen.

Pyramiden, viele Pyramiden, zwar keine ägyptischen, aber sie stehen fest. Zu viele Menschen haben ein Interesse an ihrer Unerschütterlichkeit. Die Kraft der Justiz allein reicht nicht aus, sie zu bekämpfen. Es müssen auch andere Gesetze herangezogen werden, ökonomische. Sonst werden sich auf den bis heute unsterblichen Mangel weiterhin Macht und Wohlstand krimineller Clans gründen.

Das «Racket» tritt aus dem Schatten

Das erste Mal hatte ich mit einem zum Verbrecher geworden Sportler 1983 zu tun. Es war einer der bekanntesten, wenn man so will, der sowjetische Karate-Champion Alexej K. Der Karate-Sport wurde Mitte der siebziger Jahre bei uns populär, und Alexej gab sich damals erfolgreich als Inhaber des einzigen schwarzen Gürtels in der UdSSR aus. Er wurde im Nu zum Idol Tausender, vor allem junger Leute, obwohl er nicht im Fernsehen gezeigt wurde, denn die Karate-Sektionen trainierten in der Sowjetunion am Rande der Legalität. Die Behörden mochten diese Sportart nicht, und sie wurde schließlich verboten. Doch das geschah später. Zu jener Zeit war Alexej für die Liebhaber dieses japanischen Kampfsports die Nummer eins. Allerdings muß ich bemerken, daß er zwar die Technik des Karate beherrschte, die Philosophie dieses Kampfsports jedoch nicht begriffen hatte. Er mißbrauchte sein Können, um auf sehr zweifelhafte Art Geld zu verdienen. Und wurde schließlich zu einem Kriminellen.

Es handelt sich um eine lapidare Schiebergeschichte (wieder unsere Mangelware!), eigentlich nicht der Rede wert. Aber mich erschütterte der Widerspruch zwischen Alexejs Habgier und Unlauterkeit und den Idealen der Karate-Philo-

sophie, ja überhaupt den Idealen und der Ehre eines Sport-
lers.

Das alles ist lange her, und ich glaubte damals, Alexej wäre
eine Ausnahme, eine zufällige Einzelerscheinung in der Welt
des Sports. Doch es vergingen gut zwei Jahre, und ich wurde
wieder damit konfrontiert, daß ein sehr bekannter Sportler,
diesmal der Boxer Wassili S., ein Weltpokalsieger, auf der
Anklagebank saß. Im Unterschied zu Alexej war er nicht der
«Regisseur» der Verbrechen, er kam als Boxprofi in die
Bande. Zu seinen Aufgaben gehörte es, die Inhaber der Wohnungen, die ausgeraubt werden sollten, «auszuschalten».

Ich erinnere mich, wie sehr mich diese Geschichte bewegte,
wie ich mich an Organisationen wandte, die für den Sport
zuständig sind. Der Sinn meiner Appelle war folgender: In
der Sowjetunion ist ein Sportler, der aus dem Ring (von der
Arena, vom Feld, von der Aschenbahn) ausscheidet, faktisch
ohne Existenzgrundlage, ohne Beruf. Niemand hat mehr
Interesse an ihm, niemand braucht ihn mehr, Journalisten
und Fans sind verschwunden, auch die Trainer haben ihren
früheren Liebling vergessen.

Im übrigen ist das nur eine der Ursachen dafür, was in der
Folge passierte und was ich damals, Mitte der achtziger
Jahre, noch nicht ahnen konnte.

Sie waren drei Brüder, Sergej der mittlere, alle drei Boxer.
Von Meistertiteln waren sie noch weit entfernt, aber sie hatten Kraft, Jugend und eine gute Schlagtechnik. Auf der Suche nach Erfolg und Geld zog Sergej nach Leningrad, dem
heutigen St. Petersburg. Er begann seine Karriere im Devi-
sengeschäft; in der Stadt gab es genügend Möglichkeiten,
von Ausländern eingetauschte oder für Kunstgegenstände
erhaltene D-Mark und Dollars weiterzuverkaufen. Sergej

gehörte bald zum Kreis der «Zentralen», die sich den ganzen Tag in der Nähe der Interhotels herumtrieben, in denen ausländische Gäste in der UdSSR wohnten. Aber diese Rolle gefiel Sergej bald nicht mehr – zu groß war die Abhängigkeit von den Aufkäufern, zu klein sein Handlungsspielraum; er war zu Größerem bereit.

Hier kamen ihm Freundschaften mit ehemaligen Sportkameraden zupaß. Um Sergej sammelte sich eine Gruppe ehemaliger Sportler, Sambo- und Karatekämpfer. Darunter waren auch Meister des Sports und Träger anderer Titel. Das erste Ziel, das Sergej seinen Kämpfern stellte, war verlockend: die Kontrolle über alle Hütchenspieler der Stadt.

Dieses Glücksspiel mit drei Kugeln und Hütchen versammelt bis heute um einen «Spielleiter» Dutzende Schaulustiger, die für das Vergnügen, betrogen zu werden, nicht wenig Geld ausgeben. Man sollte annehmen, es sei längst klar, daß es sich überhaupt nicht um ein Spiel handelt, sondern bestenfalls um einen Trick, schlimmstenfalls um Betrug, doch die Psyche des Menschen ist rätselhaft und unerklärlich, und die Profite der Hütchenspieler sinken nicht. Es gibt immer wieder Leute, die sich gern betrügen lassen; der Spielleiter ist von einer eigenen «Schauspielertruppe» umgeben; alles ist vorher geprobt.

In Leningrad «arbeiteten» die Hütchenspieler, meist Georgier, an den belebtesten Plätzen, an denen Scharen zugereister Provinzler vorüberkommen; hier war der Gewinn gesichert. Großer Gewinn, Tausende und aber Tausende Rubel. Allerdings mußten sie mit ihrem «Betreuer» (dem kriminellen «Steuereintreiber») teilen. Aber das war einer von ihnen, auch ein Georgier, und der kassierte angemessen.

Eines Tages hielten mehrere Autos neben der Schar der Schaulustigen, die die Hütchenspieler umringten. Sergej blieb im Wagen, er gab nur das Kommando: «Auf sie!» Mancher Spieler hat an diesem Tag Zähne eingebüßt. Die derartig überrumpelten Spieler wandten sich hilfesuchend an ihren «Betreuer», und der mobilisierte seine eigenen Trupps gegen Sergejs Bande. Aber wie sollten sich die Georgier mit den trainierten Kämpfern messen können, die mit Fahrradketten und Schlagringen bewaffnet waren? Kurze Zeit später mußten sich die Spieler, die ihr einträgliches Gewerbe nicht aufgeben wollten, der Gewalt fügen. Obwohl die Abgaben nun sehr viel höher wurden.

So wurde Sergej zum Herrn über die Spieler. Dann beschloß er, ein weiteres gewinnträchtiges Gewerbe unter seine Kontrolle zu bringen, den Automarkt. Der Verkauf von Autos ist ein äußerst lohnendes Geschäft. Autos, selbst gebrauchte, werden weit über dem staatlichen Preis gehandelt; auch das ist eine Folge des ständigen Mangels – es ist unmöglich, beim Staat sofort ein Auto zu kaufen, der Kunde muß viele Jahre warten. Und längst nicht alle, die es wollen, bekommen einen Wagen. Der Gewinn auf diesem schwarzen Markt beruht auf Betrug der Autobesitzer, die ihr Fahrzeug verkaufen wollen und dabei natürlich auf ein großes Geschäft hoffen. Das ist eine Wissenschaft für sich, ein eigenes Gewerbe, das sogenannte «Aufreißen». Vor Sergej wurde dieser Markt in Leningrad ebenfalls von Kaukasiern, Georgiern und Armeniern beherrscht. Sie «arbeiteten» allerdings mit sehr groben Methoden: Wenn ein Kunde merkte, daß er betrogen wurde, verprügelten sie ihn einfach. Sergej ging anders vor, er beschäftigte einen ganzen Stab erstklassiger Betrüger.

Ein gewisser Iwanow kam mit seinem Wolga nach Leningrad. Im staatlichen Gebrauchtwagenhandel wurde das Auto auf 13 000 Rubel taxiert. Vor dem Laden sprach ein solide wirkender Mann mittleren Alters Iwanow an. Er stellte sich als Bergmann vor, erklärte, er wolle sehr gern ein Auto kaufen, habe aber Angst vor Betrügern. Er drängte Iwanow förmlich Geld auf und bot ihm an, den Wagen für 17 000 Rubel zu kaufen. Einem solchen Angebot konnte Iwanow schwer widerstehen. Sie verabredeten ein Treffen.

Der «Bergmann» suchte Iwanow zu Hause auf, zählte ihm 4000 Rubel vor (die Differenz zwischen dem staatlichen und dem vereinbarten Preis), legte sie feierlich in das Schreibtischfach, schloß ab und steckte den Schlüssel ein: «Den behalte ich, bis ich den Autoschlüssel kriege.» Iwanow hatte nichts dagegen; das Schreibtischfach könnte er zur Not schließlich auch ohne Schlüssel öffnen. Am selben Tag wurde der Handel im Geschäft besiegelt, der «Bergmann» zahlte an der Kasse, die Schlüssel wurden feierlich ausgetauscht. Zu Hause öffnete Iwanow das Schreibtischfach und holte das Päckchen heraus. Anstelle des Geldes lag da – ein alter Brotkanten. Der «Bergmann» beherrschte eine Menge solcher Tricks.

Was ist der Sinn des Ganzen? Unter den landesüblichen Bedingungen ergibt sich ein Sinn. Das Auto, das der «Bergmann», Sergejs bester «Aufreißer», auf diese Weise erhalten hatte, ließ sich schwarz weiterverkaufen, nicht für zwölf-, nicht für siebzehn-, sondern für zwanzigtausend. Und der Verkäufer konnte sich nicht beschweren – er hatte die Summe bekommen, auf die der Wagen taxiert worden war. Der staatliche Taxpreis liegt allerdings oft um ein Vielfaches unter der Summe, die auf dem leeren Automarkt real gezahlt wird.

Sergej beherrschte bald auch dieses einträgliche Gewerbe. Autos waren im übrigen seine einzige Schwäche, der einzige Luxus, den er sich gönnte. Er wechselte sie oft, einheimische

Marken verachtete er, zog ausländische vor. Sonst aber lebte er mehr als bescheiden, in geradezu ärmlichen Verhältnissen – ein verwahrloster Haushalt, die billigsten Hemden und Hosen; er steckte alles Geld ins Geschäft, das immer größere Dimensionen annahm.

Als nächstes waren die Spekulanten an der Reihe.

Sie werden in Leningrad «Galeristen» genannt, denn sie treiben sich in dem größten Geschäft der Stadt, dem «Gostiny dwor» am Newski Prospekt, auf der Galerie herum. Wie jeder Einwohner der Stadt weiß, gibt es hier alles zu kaufen, was man will. Allerdings zu sagenhaften Preisen. Gehandelt wird mit Gütern, die Seeleute aus fernen Ländern mitgebracht haben, mit dem, was die Devisenhändler (eine besondere Spezies von Gaunern, die unter anderem Ausländern Sachen abkaufen) Zugereisten abgeschwatzt haben, und mit Kleidungsstücken, die in illegalen Fabriken genäht und mit falschen ausländischen Aufklebern und Firmenzeichen versehen wurden.

Eines Tages herrschte große Unruhe auf der Galerie. Einer der Händler, hieß es, war entführt und außerhalb der Stadt eingegraben worden. Nicht ganz, sondern, wie in manchen Krimis, bis zum Hals, der Kopf guckte oben noch heraus. Und in diesem Zustand war ihm eine Bedingung gestellt worden: den Gewinn mit Sergej und seiner Bande zu teilen. Niemand wollte dem Beispiel des verprügelten, beraubten und eingegrabenen Kollegen folgen. So fügten sich den trainierten Fäusten der Schläger auch die Spekulanten, deren Arbeit fortan aufmerksam beobachtet wurde. Niemand konnte sich vorm Zahlen drücken.

Aber auch das war Sergej noch zuwenig. Er wollte die Spekulanten für den Verkauf großer Partien in illegalen Fabriken geschneiderter Konfektionsware benutzen. (Diese

Fabriken, die vom Staat nirgends registriert sind, hatte er auch unter seiner Kontrolle.) Im Sommer 1987 kaufte er für seine Ateliers Stoffe im Wert von 110 000 Rubel.

Sergejs Geschäft entfaltete sich immer weiter, und bald schien es, als gäbe es in der kriminellen Sphäre Leningrads keinen Winkel mehr, der nicht unter seinem Einfluß stand. Viele suchten von sich aus bei ihm «Schutz», zum Beispiel die professionellen Falschspieler. Sie brauchten seine Hilfe beim Eintreiben der Spielschulden.

Der Prozeß gegen Sergej und seine Bande dauerte viele Tage. Der Saal war voll. Interessant ist, daß während der Verhandlung viele Zeugen ihre früheren Aussagen widerriefen, und alle, selbst die, die noch die Spuren von Mißhandlungen trugen, nannten Sergej ihren besten Freund, einen prima Kerl. Wie kam es zu dieser Metamorphose? Jeder Zeuge im Saal wußte sich von gut durchtrainierten jungen Männern sportlichen Typs beobachtet. Im Gerichtssaal saßen Sergejs Schläger.

Die Strafen, die das Gericht verhängte, fielen sehr gering aus. Sergej selbst wurde nicht verurteilt, weil er ein gewaltiges Verbrechersyndikat mit riesigen Einnahmen organisiert hatte, sondern wegen eines einzigen Falles von Betrug und einer lange zurückliegenden Spekulation. Sein Bruder und Mittäter wurde freigesprochen. Es gibt also keinerlei Anlaß zu der Vermutung, daß die straff organisierte Bande verschwunden ist, daß sie nicht wieder auflebt, um ihre Tätigkeit fortzusetzen und, was überhaupt nicht ausgeschlossen ist, noch weitaus schwerer wiegende Verbrechen zu begehen.

Sergejs Bande war nicht die einzige in Leningrad. Gegen Ende der achtziger Jahre wurden Dutzende enttarnt, nicht so starke und gut organisierte wie die beschriebene, aber ihr doch in vielem ähnlich – auch darin, daß die Leibwächter und

Schläger dieser Banden in der Regel ehemalige Sportler waren.

Das Wort «Racket» ist in unserem Sprachgebrauch erst vor kurzem aufgetaucht, es wird meist in Zusammenhang mit der Entstehung der Kooperativen, halbwegs frei wirtschaftender Unternehmen, gebraucht. Doch es ist nur ein neues, für das Ohr des Durchschnittsbürgers ungewöhnliches Wort für eine Erscheinung, die schon seit langem existiert. Genauso lange wie das organisierte Verbrechen selbst. Sie hieß nur anders: Erpressung.

Nichts anderes hatte die Bande des Mongolen gemacht, die Drogenhändler erpreßte, nichts anderes tun die zahlreichen Zuhälter und Gigolos. Dennoch gibt es einen Unterschied zwischen der Erpressung heute und ihren traditionellen, «klassischen» Formen. Ich meine vor allem den hohen Organisationsgrad der Racket-Banden. Und sie reihen neben Kriminellen immer öfter auch ganz andere Menschen in ihren Kundenstamm ein. In diesem Sinne ist Racket bei uns eine neue Erscheinung. Einige Zahlen: Die Miliz registrierte in fünf Monaten des Jahres 1989 1849 Fälle von Erpressung. 1057 Menschen wurden damals strafrechtlich zur Verantwortung gezogen. 1990 gab es bereits etwa 10000 Verbrechen dieser Art, im Jahr darauf waren es ebensoviele – 10000 – allein in Rußland. Fast ein Viertel der Racket-Täter sind Vorbestrafte mit krimineller Vergangenheit, die sich in Straflagern und Gefängnissen einer einschlägigen Ausbildung unterzogen haben. Sie kennen das Strafmaß für die von ihnen verübten Verbrechen, sie organisieren gezielt Racket-Banden und verteidigen sich brutal und versiert.

Ganz alltäglich geworden ist der Gebrauch von Schußwaffen, ganz abgesehen von Messern, Schlagringen und Gummiknüppeln. Auch die Folterung ihrer Opfer ist unter Racketeers weitverbreitete Praxis.

Die genannten Zahlen sagen, für sich genommen, kaum etwas über die Dimensionen dieses Gewerbes aus. Sie sind für ein so großes Land nicht beträchtlich. Doch für Racket gilt das gleiche wie für das Drogengeschäft: Die Dunkelziffer ist außerordentlich hoch, und das liegt nach meiner Erfahrung als Beobachter von Ermittlungen in solchen Fällen im wesentlichen daran, daß häufig, wie im Drogenhandel, Menschen von Erpressung betroffen sind, die ihr Kapital selbst ungesetzlich erworben haben und deshalb nicht nach der Polizei rufen, wenn sie beraubt werden. Aber warum schweigen die Mitglieder der Kooperativen, die modernen Privatunternehmer? Warum eilen die Besitzer kleiner Cafés, Restaurants, Schneiderateliers und Maklerbüros nicht zu den Behörden und bitten um Hilfe? Die Antwort ist einfach: Sie haben Angst. Zum einen sind die Mitglieder der Kooperativen nicht überzeugt, daß die Miliz sie wirklich schützen und die Racketeers unschädlich machen könnte. Zum anderen rächen sich die eng zusammenhaltenden und wohlorganisierten Racketeers an allzu Geschwätzigen.

Die Praxis zeigt leider, daß die Kooperativen allen Grund haben, sich zu fürchten. Die Restaurants von Unternehmern, die Anzeige erstattet haben oder sich den Forderungen der Banden widersetzen, geraten plötzlich in Brand, Geschäftspartner kündigen Verträge, und, was das schlimmste ist, Angehörige werden entführt – manchmal verschwinden sogar kleine Kinder.

Nach Schätzungen von Experten wendet sich nur jeder fünfte Betroffene an die Miliz. Die übrigen schweigen und zahlen. Zahlen und schweigen.

Ein Beispiel. In der belorussischen Hauptstadt Minsk,

einer Millionenstadt, wurden 1988 ganze vier Strafverfahren in Sachen Racket eingeleitet – und sofort niedergeschlagen! Auch hier tat das typische Arsenal der Racketeers seine Wirkung – Pistolen, Handgranaten, Stutzen (Jagdgewehre mit verkürztem Lauf und abgesägtem Kolben) und Spraydosen mit Reizgas. Unter den Anführern der Racketeers waren wieder Sportler.

Im übrigen hat die Nachfrage nach Kampfsportlern heute auch auf der anderen Seite zugenommen. Die privaten Geschäftsleute, die der Miliz nicht vertrauen, haben beschlossen, sich selbst gegen die Racketeers zu schützen. Die Kooperativen mieten oft Bewacher, eine Arbeit, die ebenfalls Sportler übernehmen, mitunter auch ehemalige Kriminelle. Alexej K., mit dem ich dieses Kapitel begann, ist inzwischen wieder in Freiheit und betreibt, wie ich erfahren konnte, ein doppeltes Geschäft, den Schutz von Kooperativen und ihre Verwüstung.

In den Racket-Banden kam wie ein Dschinn aus der Flasche eine für unsere Gesellschaft völlig neue Erscheinung der Kriminalität zum Vorschein. Plötzlich passieren auf den ersten Blick unerklärliche Schießereien auf Straßen, entstehen Massenprügeleien in der Nähe großer Handelszentren, werden schließlich Leichen gefunden – Krieg zwischen den Racketeers und den Schutztrupps der Kooperativen oder, was noch schlimmer ist (weil dann viel mehr Blut vergossen wird), der Kampf der Racketeers untereinander, ein Kampf um Einflußsphären auf Märkten, Handelsstraßen der Stadt und Plätzen, wo Autos verkauft werden.

Noch ein paar Tatsachen aus der Verbrecherwelt.

Lange Zeit führte im Zentrum von Murmansk die Bande des dortigen «Paten» mit dem Spitznamen «Fluor» das große Wort. Haupteinnahmequelle der Bande waren die Schutzgelder der Kleinhändler. Wer nicht zahlen wollte, wurde verprügelt, oder ihm wurden Verkaufsstand und Geschäft demoliert. Alles ging seinen Gang, bis sich Konkurrenten in Fluors «Arbeit» einmischten – eine andere Räuberbande mit den Anführern «Schmarotzer» und «Gurke» (das sind Spitznamen, versteht sich). Ende 1991 erreichte der Konflikt zwischen den beiden Banden seinen Höhepunkt, als nämlich Fluors Privatwagen, mit dem er und seine Freundin von einer seiner üblichen Zechereien im Restaurant «Wstretscha» kamen, in die Luft flog. Der Zustand des Anführers war ernst, als er zur Miliz gebracht und festgenommen wurde.

Dasselbe Schicksal – Festnahme – wurde den Konkurrenten Gurke und Schmarotzer zuteil. Beide Banden blieben führerlos zurück, was nichts anderes heißt, als daß der Kampf um die Macht fortgesetzt wird.

Übrigens hat Fluor Glück gehabt – man hatte ihn zwar verhaftet, aber er war am Leben. Schneeballbeere dagegen war mit einem Genickschuß getötet worden.

«Schneeballbeere» ist der Spitzname eines der berühmtesten Moskauer Verbrecher, des «gesetzestreuen Diebes», des anerkannten Führers der Hauptstadt-«Mafiosi». Er hieß Wiktor Nikiforow und war 28 Jahre alt. Er wurde mit großem Aufwand bestattet. Fast 70 Autos mit Trauerbändern fuhren, laut hupend, mehrere Stunden durch Moskau. Die Freunde des Toten hatten sich vorgenommen, all die Straßen und Gassen der Stadt abzufahren, wo zu Lebzeiten ihr Führer und «Pate» zu weilen beliebte. So verabschiedete sich Moskaus Unterwelt von ihrem Liebling.

Schneeballbeere war nicht nur in der Hauptstadt bekannt – er war auch in der ganzen ehemaligen Sowjetunion kein Unbekannter. Er war der Sohn eines berühmten Vaters – des ersten sowjetrussischen Racketeers «Kleiner Japaner»

(Iwanko). Seine Mutter machte Millionen mit ungesetzlichen Machenschaften in Podolsk, einer Stadt in der Nähe von Moskau. Schon seine Herkunft verhalf Schneeballbeere also zu einer guten Karriere. Hilfe bekam er auch von seinem Stiefvater, einem Armenier, der eine bekannte Autorität in der Verbrecherwelt war. Und so wurde Schneeballbeere zum «gesetzestreuen Dieb». Dazu muß gesagt werden, daß er die Gesetze der Unterwelt hoch und heilig hielt, ihre Traditionen bewahrte und sie nie brach.

Schneeballbeeres Interessen waren sattsam weit gespannt – Wohnungseinbrüche, Betrug, Racket und vieles andere mehr. Er fand leicht zu einer gemeinsamen Sprache mit den Verbrecherclans Georgiens, Armeniens und den in den Gebieten um Moskau agierenden Gruppen. Bei all seiner unverbrüchlichen Treue gegenüber der Unterwelt und ihren Gesetzen hatte Schneeballbeere aber eine Schwäche – er liebte die Boheme und war häufig mit bekannten Schauspielern, Schriftstellern und Künstlern zusammen.

Schneeballbeere hatte auch einen Fehler – er war außerordentlich jähzornig. Und daran verbrannte er sich die Finger. Im Streit erstach er Mansur, eine in der Unterwelt ebenfalls sehr populäre Persönlichkeit. Er wurde verhaftet. Es dauerte allerdings nicht lange, bis er wieder freigelassen wurde, weil irgendwelche unsichtbaren Kräfte exakt Hand in Hand zusammengearbeitet hatten.

Doch es zeigte sich, daß es viel einfacher war, Verbindungen zu nutzen und der Verurteilung zu entgehen, als sich vor der Rache der Unterwelt zu retten, deren Traditionen Schneeballbeere gehorchte. In eben diesen Traditionen waren auch Mansurs Freunde erzogen worden: Der von ihnen gedungene Mörder tötete, wie bereits erwähnt, Schneeballbeere mit einem Schuß ins Genick.

Vor ein paar Jahren erzählte mir ein Bekannter, ein Staatsanwalt, von einer seltsamen und schrecklichen Schießerei in einem Moskauer Park, die ihn (und Scharen weiterer Zeugen) erschüttert hatte. An freien Tagen sammeln sich hier viele Moskauer mit ihren Kindern; dieser alte und beliebte Erholungsort mit seinen Teichen, schattigen Alleen und zahlreichen Kinderspielplätzen zieht die Städter an. Oft finden hier große internationale Ausstellungen statt. Plötzlich rasten an einem Sonntag, als der Park voller Menschen war, mehrere Autos, aus deren geöffneten Fenstern Unbekannte aufeinander schossen, über die Gehwege. Die Jagd dauerte etwa zwanzig Minuten und löste Panik aus, nicht nur bei der Bevölkerung, auch bei der verwirrten Miliz. Die Wagen mit den Banditen verschwanden ebenso schnell, wie sie aufgetaucht waren. Die Verbrecher wurden nicht gefaßt, aber die Ermittlungen ergaben, daß hier zwei Banden ihre Rechnungen beglichen hatten, die sich nicht über die Aufteilung von einträglichen Pfründen in Moskau einigen konnten.

Aus den Ermittlungen der Miliz ging auch hervor, daß ein paar Jahre zuvor unweit des Moskauer Stadtringes zwei mächtige Racket-Bandenchefs zusammengekommen waren, um die Einflußsphären aufzuteilen. Sie hatten sich auf diese Begegnung gründlich vorbereitet; beide Parteien hatten Rollkommandos mitgebracht, die nicht nur mit Maschinenpistolen, sondern sogar mit Maschinengewehren ausgerüstet waren. Sie hatten sich friedlich geeinigt, aber in anderen Situationen solcher Art, in denen von den Waffen Gebrauch gemacht wird, sterben völlig unbeteiligte Menschen im Kugelhagel, wie es schon bei Schießereien und Massenprügeleien im Südhafen, auf dem Auto-Schwarzmarkt und auf dem Rigaer Markt, auf dem kleine Unternehmer Handel treiben, geschehen ist.

Seit dem Auftauchen und der Ausbreitung des Racket spielen in Polizeiprotokollen und Strafprozessen immer häufiger Schußwaffen eine Rolle. Es bewaffnen sich die Racketeers und die, die sich vor Erpressung schützen wollen. Auf dem schwarzen Markt sind die Preise für Pistolen nach Angaben der Miliz erheblich gestiegen. (Der Besitz einer Schußwaffe ist bis heute verboten, und es gibt keinerlei Ausnahmen für Privatpersonen.) Aber Waffen, Waffendiebstahl und -handel stehen auf einem anderen Blatt.

Außer dem «gewöhnlichen» Racket, dem die Bürger unseres Landes zum Opfer fallen, zeugen Operativberichte von der Verbreitung einer neuen Form der Erpressung: die Entführung von Ausländern. Das ist begreiflich – Dollars sind heute weitaus verführerischer als der immer billiger werdende Rubel. Die Raten wachsen ständig: Anfang 1991 wurden für die Freilassung einer in Moskau gekidnappten Chinesin 10 000 Dollar verlangt. Nur ganze sechs Monate später waren es für einen entführten Polen bereits 150 000 Dollar. Im Januar 1992 forderten Moskauer Gangster für den gekidnappten australischen Geschäftsmann Daniel Weinstock und seine Frau Yvonne 1,5 Millionen Dollar.

Die Geschichte der Weinstock-Entführung wurde nicht etwa deswegen zu einer Sensation, weil sie ein Einzelfall in der Kriminalgeschichte gewesen wäre: zu jener Zeit hatte es schon einige Dutzend ähnlicher Fälle gegeben. Nein, dieses Verbrechen erstaunte die Spezialisten für die Bekämpfung des organisierten Verbrechens durch etwas anderes – durch die Einfachheit des Plans und gleichzeitig durch die Komplexität, mit der ein solches Verbrechen sich den Ermittlern darstellt. Aber alles der Reihe nach.

Daniel und Yvonne Weinstock sind Mitinhaber der australischen Firma «Videotechnology». Nachdem sie mit einem der größten Handelsunternehmen Rußlands (der Name ist noch Fahndungsgeheimnis) ein Abkommen geschlossen hatten, verwickelten sich die Kaufleute aus Übersee in gegenseitige Geldforderungen. Es ging um 1,5 Millionen Dollar, die, nach Meinung der Vertreter der russischen Geschäftskreise, die Weinstocks dem sowjetischen Partner zu zahlen hatten. Um seine finanziellen Angelegenheiten zu regeln, flog das Ehepaar nach Moskau.

Flughafen Scheremetjewo-2 – das ist ein im Leben des kriminellen Moskau besonderer Ort. Ein internationaler Flughafen, ständig voll mit reichen Ausländern und ihren verlockenden Koffern, zieht wie ein Magnet nicht nur die Moskauer Professionals im Diebsgeschäft an, sondern auch hochklassige «Gastspieler» aus anderen Städten. Gefahr belauert die herbeigereisten Passagiere auf jedem Schritt: vom Moment der Gepäckannahme bis zum Einsteigen ins Taxi.

Die Weinstocks ahnten nichts Böses, als sie ihr Gepäck in zwei Autos verstauten und einstiegen, um sich nach Moskau fahren zu lassen. Doch einige Stunden später fanden sie sich nicht in einem komfortablen Hotel wieder, sondern im feuchten Keller eines Hauses außerhalb der Stadt. Die jungen Männer, die ihnen so liebenswürdig ihre Autos in Scheremetjewo zur Verfügung gestellt hatten, nannten ihnen unverzüglich ihre Bedingungen: Die Befreiung aus dem Keller würde eineinhalb Millionen Dollar kosten.

Die Ermittlungen sind noch nicht abgeschlossen, doch es gibt Anlaß zu der Vermutung, daß die Entführer nichts mit dem Geschäft der Australier zu tun hatten und auf eigenes Risiko arbeiteten. Irgendwie hatten die Erpresser von den Schulden der Weinstocks und der Zeit ihrer Ankunft in Moskau gehört und beschlossen, die Devisen für sich selbst herauszuschlagen. Ihre Rechnung war einfach: Die Weinstocks würden vor allem deswegen gezwungen sein nachzugeben, weil die Summe des Lösegeldes die Höhe der Schulden nicht überstieg. Außerdem befanden sich die Weinstocks in der delikaten Situation von Geschäftsleuten und würden darum von der Sache nicht viel Aufhebens machen und zur Miliz gehen.

Der Rest war einfach: die Weinstocks in der Menge der Passagiere ausfindig machen, ihnen Hilfe bei der Unterbringung in einem Hotel anbieten und sie dann in dem Haus außerhalb der Stadt verstecken.

Zunächst weigerten sich die Weinstocks, die Forderungen der Erpresser zu erfüllen. Die Entführer begannen, sie zu quälen: sie schlugen sie mit einem Skistock, einem Staubsaugerrohr, zogen ihnen Zellophantüten über die Köpfe und bedrohten sie mit Messern. Als Yvonne sagte, daß sie schwanger sei, traten ihr die Erpresser in den Bauch. Sie nahmen dem Ehepaar alles ab, plünderten das Gepäck, zogen ihnen die gesamte Kleidung vom Leib, sogar Yvonnes Strumpfhose.

Schließlich gaben die Weinstocks nach. Daniel brachten sie nach Moskau, damit er einen Verwandten in Philadelphia anriefe, der den Verbrechern das Geld überweisen sollte, Yvonne blieb unter Bewachung in dem Keller zurück. Wie durch ein Wunder gelang es Daniel während des Telefonats, seinem Verwandten zu verstehen zu geben, daß er und seine Frau Geiseln seien...

Das FBI und die australische Polizei nahmen sich der Sache an. Mit Hilfe von Interpol setzten sie sich mit der russischen Miliz in Verbindung – zum Glück hatte sie sich kurz zuvor der internationalen kriminalpolizeilichen Organisation angeschlossen. Zur Bekämpfung des organisierten Verbrechens waren Unterabteilungen der Moskauer Kriminalpolizei, des Innenministeriums und der Staatssicherheit auf die Beine gestellt worden. Die Operation wurde gleichzeitig in Moskau und im Moskauer Umland durchgeführt. Bald stießen die Fahnder auf eine Spur. Um 2 Uhr morgens drang die Einsatzgruppe in das Haus ein, in dem Yvonne versteckt gehalten wurde, und entwaffnete die Banditen augenblicklich. Zwölf Stunden später war auch Daniels Aufenthaltsort bekannt – ein Zimmer im Hotel «Leningradskaja», das ebenfalls ohne überflüssiges Aufsehen «genommen» worden war.

Wladimir Ruschajlo, Leiter der zur Bekämpfung des organisierten Verbrechens eingerichteten Abteilung bei der Moskauer Kriminalpolizei, war bei der Befreiung der australischen Geiseln dabei. Er meint, der Fall sei erfolgreich abgeschlossen. Doch ein Gedanke beunruhigt ihn: Wer wird das nächste Opfer von Erpressern sein?

An einem Märztag des Jahres 1989 war der Straßenverkehr in der Stadt Gorki lahmgelegt. Der Platz um das Gebäude der Staatsmacht und alle anliegenden Straßen waren von gleich aussehenden Fahrzeugen blockiert, von Taxis. So begann einer der ersten Streiks in unserem Land, der Streik der Taxifahrer von Gorki. Sein Grund hatte nichts mit den politischen Unruhen im Land zu tun, es ging nicht einmal um eine Lohnerhöhung; die Taxifahrer forderten Schutz vor den Racketeers.

Es verging kein Tag in der Stadt ohne Überfälle auf Taxifahrer. Viele mußten unter dem Druck der Erpresser ihren ganzen Tagesverdienst abliefern. Aber das war noch nicht das Schlimmste – nicht selten kam es zu Körperverletzung oder gar Mord.

Die Szenerie: Abends oder nachts versperrten Männer, eine Kette bildend, den Taxifahrern den Weg. Wer anhielt, wurde ausgeraubt. Aus Angst um das eigene Leben hatten es viele Taxifahrer nicht eilig, bei der Miliz Anzeige zu erstatten. Doch nach einem Überfall, bei dem wieder ein Fahrer schwer verletzt worden war, hatte die Geduld der Taxifahrer ein Ende. Sie begannen ihren ungewöhnlichen Streik. Immerhin waren im Laufe eines Jahres sechs Taxifahrer getötet und einige Dutzend verletzt worden. Die Fahrer forderten Schutz von der Miliz. Es ist schwer zu erklären, warum die Stadt nachts von der Miliz kaum kontrolliert wird, so daß sie dann faktisch in der Hand der Gangster ist.

Der Aufruhr in Gorki hat sich bis heute nicht gelegt, obwohl die Miliz bemüht ist, den Einwohnern die Angst vor Überfällen an der eigenen Wohnungstür zu nehmen. Mir liegt es fern, die Miliz zu bedauern, die wenigstens noch gelegentlich auf Erfolge verweisen konnte, als sie es mit Einzeltätern oder mit den traditionellen Verbrechen zu tun hatte, angesichts organisierter und bewaffneter Gruppen jedoch völlig machtlos dasteht. Doch ich bin mir sehr wohl der Schwierigkeiten bewußt, vor denen unsere Ordnungshüter stehen. Zum Beispiel die Autos; die Banditen fahren mit weitaus besseren Wagen als die Miliz. Sie sind mit Funk ausgerüstet und damit in der Lage, die Miliz abzuhören – von solcher Technik träumt die hiesige Polizei nur, die Verbrecher aber können sie sich leisten.

Doch das Problem liegt nicht nur in der mangelhaften Technik, sondern auch und vor allem im professionellen Niveau der Miliz. Das ist leider nicht sehr hoch. Daß in nur einem Jahr in der ehemaligen UdSSR 263 Milizionäre ums Leben kamen, zeugt sowohl von der enthemmten Kriminalität als auch von der mangelnden Fähigkeit der Beamten, die organisierte und bewaffnete Mafia zu bekämpfen. Und das schlimmste, die Miliz selbst ist in den Jahren der Regierung Breschnews stark von Korruption infiziert worden, in vielen ihrer Büros und Wachen sitzen Kriminelle.

Fast fünfzigtausend Angehörige der Miliz mußten in den letzten Jahren als kompromittiert entlassen werden. Aufsehenerregende Strafprozesse verschonten auch die Männer in Polizeiuniform nicht.

Aufruhr hinter Stacheldraht

In den Republiken der ehemaligen UdSSR verbüßen Menschen, die ein Verbrechen begangen haben, ihre Strafe entweder in Gefängnissen oder in Strafkolonien, die im Volksmund «Lager» genannt werden. Lager, das sind stacheldrahtumzäunte, gut bewachte Territorien, innerhalb deren die Sträflinge leben und arbeiten. Die Lager unterscheiden sich nach der Härte der Strafe. Ich werde später darauf zurückkommen.

Aus einem Einsatzbericht der Miliz: In der Arbeitsbesserungskolonie mit strengen Haftbedingungen haben mit Messern bewaffnete Sträflinge zwei Frauen gefangengenommen.

Das Ultimatum der Entführer: «An die örtlichen Behörden! Anderthalb Stunden nach Übergabe dieses Dokuments fährt ein Bus vor. Der Fahrer überstreicht in unserer Gegenwart Seiten- und Rückfenster, läßt den Schlüssel stecken und entfernt sich. Einer von uns wird das Fahrzeug untersuchen. Sollte er dabei getötet werden, töten wir sofort die Geiseln.

Der Bus muß vollgetankt sein, außerdem liegen darin zehn Paar Handschellen, vierzig Ampullen Morphium, ein Liter medizinischer Alkohol oder zwei Liter Kognak, vier Kilo Schokolade oder sechs Kilo Schokoladenkonfekt, ein Kilo

Tee bester Qualität, vierzig Schachteln Zigaretten, zehn Liter Trinkwasser, Jod, Watte und Binden.

Im Umkreis von hundert Metern um den Bus darf sich niemand aufhalten. Wir werden das Lager verlassen. Der Bus hat bis zum Hubschrauberlandeplatz freies Geleit. Vier Stunden nach diesem Ultimatum ist ein Hubschrauber abflugbereit. Darin liegen vier Pistolen, Militäruniformen, Zivilkleidung, vier Maschinenpistolen, Munition und Lebensmittel bereit. Der Pilot wird nach unseren Anweisungen in der Taiga landen.

Entweder ihr erfüllt unsere Forderungen, oder wir töten die Frauen und uns selbst. Wir haben nichts zu verlieren.»

Fünf Stunden und fünfzehn Minuten später fuhr der entsprechend ausgerüstete Bus zum Hubschrauberlandeplatz. Dort wartete bereits eine Sondertruppe, doch der Hubschrauber war noch nicht bereitgestellt. Aus dem Bus ertönten Rufe. Einer der Ganoven übergab einen neuen Zettel. «Entweder kommt in zehn Minuten der Hubschrauber, oder ihr kriegt die Ohren einer der Frauen.»

Es war soweit. Die Miliz konnte nicht länger zögern. An die Scharfschützen erging das Kommando: Waffen einsetzen. Durch die eingeschlagenen Fenster drangen die speziell ausgebildeten Männer in den Bus ein. Zu ihrem Entsetzen stellten sie fest, daß die Frauen mit Handschellen an die Sitze gefesselt waren und die Verbrecher Benzin in den Bus gekippt und angezündet hatten. Im Nu wurde das Feuer eröffnet und die Verbrecher getötet. Eine der Geiseln und zwei Männer, die an ihrer Befreiung beteiligt waren, wurden verletzt.

Aus einer Zeitungsmeldung: «Im Gefängnis im Gebiet Saratow überfielen vier Häftlinge zwei Frauen von der Wachmannschaft. Die Verbrecher brachten Zellenschlüssel an sich und nahmen zwei weitere Geiseln, Minderjährige aus benachbarten Zellen. Im Austausch gegen die Geiseln forderten die Banditen Waffen, Geld und ein Auto. Die Miliz beschloß, kein Risiko einzugehen, und erfüllte die Forderungen der Verbrecher.»

Um zehn Uhr abends erschien in Saratow ein Kleinbus mit vier bewaffneten Banditen. Entgegen ihren Versprechungen hatten sie die Geiseln mitgenommen. Eine der Frauen wurde unterwegs aus dem Bus geworfen; sie war so mißhandelt worden, daß sie bewußtlos war. Bis drei Uhr früh fuhren die Banditen durch die Stadt; auf der falschen Fahrbahn, auf Bürgersteigen. Sie schossen. Schließlich ließen sie den Bus stehen und flüchteten in eine Wohnung. Die Miliz verlor sie kurzzeitig aus den Augen. Am nächsten Tag hatten die Banditen bereits sieben Geiseln: In ihrer Gewalt befand sich auch ein zweijähriges Kind.

Um die Entführer unschädlich zu machen, mußte eine für solche Einsätze geschulte Spezialeinheit aus Moskau geholt werden. Diesmal ging es ohne Opfer ab.

Die Zahl der Meldungen über derartige Vorfälle nimmt ständig zu. Die Explosion der Unzufriedenheit innerhalb des Systems, in dem Verbrecher ihre Strafe verbüßen, ist offensichtlich. Gleichzeitig wird immer mehr darüber publik, wer in unserem Land hinter Gittern sitzt und wofür. Früher, noch vor ein paar Jahren, war dieses Thema für Journalisten praktisch tabu. Jetzt ist es möglich, ein wenig die Tür zu jener Welt zu öffnen, wo das Böse in unglaublicher Dichte konzentriert ist. Ich war oft in Gefängnissen und Lagern, um darüber Reportagen zu schreiben. Diese Welt ist durchaus nicht unkompliziert und hat bis heute großen Einfluß auf die Welt «draußen».

1988 verfolgte das ganze Land mit angehaltenem Atem einen Einsatz von Truppen des Innenministeriums, der unter dem Namen «Donner» bekannt wurde. Wieder ging es um flüchtende Strafgefangene, die, diesmal außerhalb des Gefängnisses, Geiseln in ihre Gewalt gebracht hatten. Der Initiator der Entführung war der dreimal vorbestrafte Jaschkijanz, der alle «Universitäten» des Gefängnissystems absolviert hatte und augenscheinlich das ganze Land als eine Art Lager ansah. Deshalb hatte er beschlossen, es mit Hilfe von Terror zu verlassen, dem einzigen, wie er glaubte, wirksamen Mittel, das er in den in Haft verbrachten Jahren zu beherrschen gelernt hatte.

Jaschkijanz und seine bewaffnete Gruppe entführten einen Bus mit Kindern; 31 Schulkinder und eine Lehrerin. Die Banditen verlangten ein Flugzeug, das sie nach Israel bringen sollte (sie wollten in ein Land, in dem es keine sowjetische Botschaft gab). Außerdem forderten sie zwei Millionen Dollar, eine weitere Million in Gold, achtzig kugelsichere Westen und vieles mehr, darunter Drogen, Pistolen, Funkgeräte…

Der Bus stand voller Benzinkanister, die geringste Unvorsichtigkeit hätte die Kinder das Leben gekostet. Die Operation dauerte lange, alle Forderungen der Entführer wurden erfüllt, im Austausch für jede «Portion» Waffen oder Drogen ließ Jaschkijanz ein Kind frei. Säckeweise wurden Geld und Gold zusammengetragen. Das Flugzeug brachte die Banditen nach Israel. Erst dort wurden Jaschkijanz und seine Bande festgenommen.

Diese Geschichte wurde publik, und es ist nicht übertrieben, daß das ganze Land sie verfolgte, einschließlich jener, die in Kolonien und Gefängnissen ihre Strafen verbüßten. Angehörige der Miliz haben mir oft versichert: Jaschkijanz habe viele Häftlinge angestiftet, seinem Beispiel zu folgen.

Derartige Ereignisse sind mittlerweile kaum noch eine

Sensation. Im Sommer 1989 ging eine ganze Welle solcher Straftaten, die eine besondere Gefahr für die Gesellschaft bedeuten, durch die Haftanstalten. Zum Vergleich: Wurden 1988 von Häftlingen 16 Geiselnahmen verübt, waren es im folgenden Jahr 77 und 1990 bereits über 100.

Wie kommt es zu dieser Eskalation von Gewalt, warum greifen die Verbrecher zu diesem äußersten Mittel? Einige Experten sehen die Wurzeln des Problems in folgender Entwicklung: In den letzten Jahren kam durch die Amnestie der größte Teil der weniger gefährlichen Verbrecher in den Kolonien frei. Dieser humanitäre Schritt ist einerseits völlig richtig; wahrscheinlich gibt es auf der Welt kein anderes Land, in dem das Strafgesetz so viele Delikte mit Freiheitsentzug ahndet. Andererseits erhöhte sich dadurch das kriminelle Potential in den Haftanstalten: 11,5 Prozent der Inhaftierten waren wegen Mordes verurteilt, 10,1 Prozent wegen schwerer Körperverletzung, 6,5 Prozent wegen Raubes. Eine Untersuchung der Entführungsfälle zeigte, daß diese Gruppe 80 Prozent der Täter stellte.

Die Zunahme des kriminogenen Häftlingsbestands verschärfte die Situation in den Kolonien insgesamt. Ein paar Zahlen: In den Haftanstalten wurden 5400 Verbrechen verübt, 47 Prozent mehr als 1988. Die Zahl der Fälle von Widerstand gegen Vollzugsbeamte verdreifachte sich. 83 Vollzugs- und Wachbeamte wurden verletzt oder getötet.

Trotzdem befriedigen die Erklärungen, die ich von Angehörigen der Miliz und der für die Bewachung der Lager zuständigen Truppen für innere Sicherheit zu hören bekam, mich nicht. Die Explosion von Gewalt und Brutalität in den Gefängnissen ist nicht ausschließlich durch äußere, aktuelle Gründe zu erklären. Die Wurzeln dafür liegen in unserer Vergangenheit, in der Geschichte des riesigen Staates im

Staat, der seit Alexander Solschenizyn «Archipel Gulag» genannt wird.

Wer bevölkert nun diesen Staat, und wodurch unterscheiden sich die einzelnen «Inseln» des «Archipels» voneinander?

Statistischen Angaben für 1991 zufolge verbüßen auf dem Gebiet der ehemaligen UdSSR ungefähr 800 000 Menschen Haftstrafen. Damit haben wir, prozentual gesehen, die USA eingeholt. Zum Vergleich: In Frankreich gibt es 45 000 Häftlinge, in England 50 000.

Bis zum Prozeß befindet sich der Angeklagte in Untersuchungshaft. Das Gericht kann die Einweisung in folgende Typen von Haftanstalten verfügen: Kolonien mit allgemeinen Haftbedingungen (für Ersttäter mit minder schweren Vergehen), Kolonien mit verschärften Haftbedingungen (für Ersttäter mit schweren Verbrechen), Kolonien mit strengen Haftbedingungen (für Wiederholungstäter) und Kolonien mit besonderen Haftbedingungen (für gefährliche Wiederholungstäter und Verurteilte, denen die verhängte Höchststrafe, Tod durch Erschießen, in früher fünfzehn, jetzt zwanzig Jahre Haft umgewandelt wurde). Neben den Kolonien gibt es noch Gefängnisse, für Täter, die selbst in der Haft gefährlich sind.

Ich zitiere noch einmal aus einem Milizbericht. «In Kirgisien mußte die Wachmannschaft einer Kolonie auf Gefangene schießen, die das Tor stürmten: Sie hatten ein Feuerwehrauto gestartet und versuchten, damit die Umzäunung zu durchbrechen. Im Verlauf des Schußwechsels wurden etliche Personen verwundet und zwei getötet. Die Gefangenen legten in Gebäuden der Kolonie Feuer. Wohnheime, Arbeitsräume und die Büros der Verwaltung brannten nieder, der Laden wurde ausgeraubt. Durch den Brand entstand ein Sachschaden in Höhe von 200 000 Rubel.»

Wie war es dazu gekommen? Vor Gericht sagten die Meuterer aus, die Brutalität der Lagerverwaltung habe sie zu diesem äußersten Mittel gezwungen.

Neben den Haftanstalten für Erwachsene existieren auch Kolonien für Minderjährige. Meutereien, Schlägereien und versuchte Massenausbrüche kommen auch hier vor. Hier nur ein Beispiel aus der jüngsten Vergangenheit.

Eine Kolonie für Minderjährige bei Rostow am Don. Zerschlagene Fensterscheiben, demolierte Möbel, die hölzerne Umzäunung mit einem Balken durchbrochen. Von einer Massenflucht hielten nur Warnschüsse die Jugendlichen ab. Sechs Personen wurden vor Gericht gestellt und für die Organisation der Meuterei zu neuen Haftstrafen verurteilt. Vor Gericht wurde wiederum deutlich: Ursache für die Massenunruhen waren die Brutalität der Erzieher und deren Verstöße gegen die Haftordnung. Die Statistik zeigt leider, daß die steigende Tendenz der Kriminalität bei Minderjährigen anhält. Ich bin überzeugt, das ist die bedenklichste Kriminalität, denn sie hat eine langfristige Perspektive. Der junge Rechtsbrecher von heute ist, wie die Erfahrung zeigt, häufig der Rückfalltäter, der notorische Verbrecher von morgen. Die Gesellschaft ist verpflichtet, sich endlich dieser Situation bewußt zu werden. Hier einige Zahlen, die diese Überlegungen stützen.

Laut offizieller Statistik wurden alljährlich von minderjährigen Tätern (oder mit deren Beteiligung) ungefähr 900 Morde und mehr als 4000 Vergewaltigungen verübt. Insgesamt machten 1991 von Minderjährigen verübte Straftaten etwa 10 Prozent, bei Diebstahl persönlichen Eigentums sogar fast die Hälfte aller Delikte aus. Im Vergleich zu 1990 ist das eine Steigerung um 5 Prozent.

Ein großer Teil der minderjährigen Täter wird in eine

Strafkolonie eingewiesen. Wie sehen, wieder in Zahlen aus-
gedrückt, die Erziehungs- und Besserungsanstalten in der
ehemaligen Sowjetunion aus?

Am 1. März 1989 verbüßten in 89 Erziehungs- und Besse-
rungskolonien 27587 Minderjährige ihre Strafe, darunter
1324 Mädchen in fünf Sonderkolonien. 24 Prozent der Jugendlichen hatten vor ihrer Einweisung in die Kolonie noch
keinen Beruf ausgeübt oder erlernt. Viele von ihnen hatten
ihren «ständigen Wohnsitz» in Kellern, Fernheizungstrassen
und auf Dachböden. Dreitausend Jugendliche waren Waisen
beziehungsweise ohne elterliche Aufsicht. Das ist nur ein un-
vollständiges Soziogramm des jugendlichen Straftäters. Zu
ergänzen ist noch, daß fast die Hälfte der Verurteilten keinerlei soziale Gefahr darstellt. Fünfhundert von ihnen sind, wie
Mediziner feststellten, chronisch alkoholkrank. Und noch
eine Zahl, die völliges Unverständnis hervorruft: Für die Ernährung der Jugendlichen in der Kolonie stehen pro Tag
ganze 64 Kopeken zur Verfügung für eine vollkommen un-
ausgewogene Ration, in der Milch, Obst und Gemüse gänz-
lich fehlen.

Hinzu kommt eine durch nichts gerechtfertigte Härte, ja
Brutalität, mit der die Jugendlichen in der Kolonie konfrontiert werden. Ich glaube nicht, daß ein derartiges Leben sie
umerziehen kann.

Minderjährige in der Kolonie, das ist eine schreckliche
Seite der Realität in unserem Land. Nicht minder schrecklich
ist die Lage der Frauen hinter Stacheldraht.

In einer Frauenkolonie im Gebiet Karaganda kam es zu
einem Aufruhr, als die Aufseher gemeinsam mit den Wachsoldaten die Räume durchsuchten und persönliche Dinge der
Frauen beschlagnahmten, Dinge, deren Besitz die hiesigen
Regeln den Frauen verbieten. Darunter waren von den Ge-

fangenen selbst bestickte Bettbezüge, warme Jacken, über-
zählige Socken, Kleider. Die Kleiderordnung wird in den Lagern, besonders bei Frauen, streng kontrolliert. So müssen
die Frauen das ganze Jahr über, sogar im Sommer, Stiefel
tragen. Wer in Hausschuhen die Baracke verläßt, kann hart
bestraft werden. In der Kolonie, von der hier die Rede ist,
hatte einer der Erzieher immer eine Schere in der Tasche;
damit schnitt er den Frauen Taschen auf ihren Kleidern ab,
kürzte Kragen und schlitzte Röcke von oben bis unten auf,
wenn sie ihm zu kurz oder zu lang erschienen. Davon war vor
Gericht, wo die Anstifterinnen zu neuen Freiheitsstrafen
verurteilt wurden, allerdings nicht die Rede, wie überhaupt
das Schicksal der Frauen, die hierhergeraten waren, nicht
zur Debatte stand. Dafür schrieb die Wochenzeitung *Nedelja*
später darüber.

Ljusja Nossatschowa, Gefangene, beteiligt an der Meuterei, erzählt aus ihrem Leben: «Bei uns in Usbekistan, wo ich
geboren bin, war es nicht schwer, Drogen zu bekommen, es
gab jede Menge Mohnplantagen. Schon in der Schule, in der
zehnten Klasse, hing ich an der Nadel, hab mich gespritzt.
Natürlich nicht allein, sondern in Gesellschaft. Da waren
welche, die heute ‹gesetzestreue Diebe›, ‹Autoritäten› genannt werden. Die hatten immer Drogen, ohne die ich schon
nicht mehr leben konnte. Ein Gramm kostete zwischen dreißig und sechzig Rubel. Ich hab mich jeden Tag gespritzt. Sie
können sich ja selbst ausrechnen, wieviel Geld ich gebraucht
hab. Ich mußte die Dosis auch ständig erhöhen, sonst wirkten
die Drogen nicht mehr. Also brauchte ich auch mehr Geld.
Mit achtzehn hab ich zusammen mit anderen drogensüchtigen Mädchen einen Diebstahl begangen.

Schon bevor ich in die Kolonie kam, kannte ich die Regeln
des Lebens dort aus Erzählungen der ‹Autoritäten› und von

Frauen, die schon gesessen hatten. Die wichtigste Regel lautet: Du darfst niemandem und nichts verzeihen! Wenn du erniedrigt wirst, mußt du dich wehren. Mir wurde eingeschärft, wenn du dorthin gekommen bist, mußt du nach den Gesetzen der Gefangenen leben, nicht nach denen, die die Verwaltung diktiert. Nur dann wirst du geachtet.

Im Lager war es viel einfacher, Drogen zu besorgen, als draußen, dort wurde alles verkauft. Für Geld hätte man selbst einen Elefanten in die Kolonie schmuggeln können...»

Nach einem Jahr kamen aus Irkutsk dreihundert neue Häftlinge in die Kolonie. Wie die Männer führen auch die Frauen in den Kolonien einen ständigen Kampf um Prestige und Macht. Nossatschowa hatte als eine der ersten eine Prügelei mit einer Neuen, einen «frontalen Zusammenstoß», wie sie sagte.

Es gab einen Prozeß. Ljusja bekam noch dreieinhalb Jahre zusätzlich zu ihren vier Jahren für den Diebstahl.

«Nach dieser Verhandlung wollte ich nicht mehr leben», setzt Ljusja ihre Erzählung fort. «Ich wurde auch noch ins Gefängnis nach Taschkent gebracht. Haben Sie eine Ahnung, was sich auf dem Transport in Sonderwaggons alles abspielt? Daß einen die Bewacher für nichts und wieder nichts wüst beschimpfen, ist noch halb so schlimm. Sie treten einen auch mit dem Stiefel in den Hintern. Wenn du auf die Toilette gehst, läuft ein Soldat hinter dir her. Er reißt die Tür auf, guckt nach, was du da tust. Macht dir alle möglichen Angebote... Wenn du grob wirst, kann's dir passieren, daß er dich einen vollen Tag nicht auf die Toilette läßt...

In Taschkent wurden wir in einer Zelle untergebracht, die für höchstens sechs Gefangene gedacht war. Wir waren sechzig! Alle rauchten. Die Luft war zum Ersticken. Wir haben an die Tür geklopft und gerufen, daß sie das Fenster aufmachen sollen. Dafür haben sie uns ‹Faulbaumblüte› [so heißt ein spezielles Tränengas, das zur Auflösung von Demonstrationen verwendet wird] direkt ins Gesicht gesprüht. So etwas hatte ich noch nie erlebt. Die Tränen laufen in Strömen, die Augen brennen, du hast das Gefühl, du wirst blind und kannst nie wieder sehen. Vor Wut und Schmerz bin ich natürlich durchgedreht. Und die Aufseherinnen wollten mir eine Lektion erteilen. Alle wurden rausgeführt zum Spaziergang. Mich aber wollten sie kahlscheren.

Ich hab buchstäblich den Verstand verloren, als ich sah, daß sie es ernst meinten; nach dem Lagergesetz werden doch nur die kahlgeschoren, die ihre Kameradinnen bestohlen haben. Ein schlimmeres Schandmal gibt es in der Kolonie nicht! Ich stürzte zum Gitter, ans Fenster zum Hof, wo die anderen ihre Runden drehten, und schrie ihnen zu, was sie mit mir machen. Meine Freundin Tanja hat sich aus Protest die Venen aufgeschnitten. Aber sie hat damit nichts erreicht. Nur sich selbst geschadet. Ich wurde völlig kahlgeschoren. Bei ihr ließen sie noch ein Haarbüschel stehen. Wir wurden mit einem Schlüsselbund geschlagen. Sie zielten dabei auf die Nieren. Dann kriegten wir wieder ‹Faulbaumblüte›.»

Nach alldem kam Ljusja, nun als gefährliche Rückfalltäterin, in die Kolonie mit strengen Haftbedingungen. Dorthin, wo den Frauen alles «Überflüssige» abgenommen wurde, wo sie bei Hitze die Stiefel nicht ausziehen durften und wo der wachsame Erzieher zum Gaudi der Wachsoldaten den Frauen die Röcke aufschlitzte. Dort beteiligte sie sich an der Meuterei. Und bekam eine neue Strafe, noch einmal sieben Jahre!

Da schnitt sie sich, wie ihre Freundin Tanja, die Venen auf. Die Arme wurden mehrfach genäht. Ljusja riß die Nähte wieder auf. Sie versuchte sich zu vergiften, mehrere Male.

Diese schreckliche Geschichte ist für einen Lagerinsassen leider durchaus nicht ungewöhnlich. Solche Tragödien gibt es jede Menge. Das System erzieht die Menschen nicht, es verkrüppelt sie. Der «Lagerstaat» in den Republiken der ehemaligen UdSSR hat eine reiche Geschichte.

Eine Universität für Verbrecher

Dieser Staat entstand, wie erwähnt, Ende des neunzehnten Jahrhunderts, als sich in Rußland das System der Bestrafung von Rechtsbrechern herausgebildet hatte. Schon bald darauf bildete sich in den Haftanstalten und an den Verbannungsorten eine eigene Welt heraus, mit einem eigenen Diebesgesetz, das die Existenzbedingungen dieser Welt bestimmte. Von Anfang an waren die Haftanstalten eine Art «Schule», die für alle Berufe der Verbrecherwelt ausbildete: Diebe, Räuber, Safeknacker, Betrüger und viele andere «Fachleute». Diese «Universität» absolvieren die Gefangenen noch heute. Das erschwert die Verbrechensbekämpfung in unserem Land außerordentlich. Die aus den Haftanstalten Entlassenen sind eine ständige Reserve des organisierten und professionellen Verbrechens. Hier die Statistik: Von Vorbestraften wurde 1989 jedes dritte Verbrechen begangen, 40 Prozent aller Morde, schweren Körperverletzungen, Vergewaltigungen und Einbrüche. Über die Hälfte der Raubüberfälle geht ebenfalls auf das Konto von Rückfalltätern. 1991 waren von insgesamt 2 Millionen Straftaten rund 300000 das Werk von Rückfalltätern.

Zurück zur Geschichte. In den Gefängnissen, Lagern und

Kolonien spielte sich ein ständiger Kampf um die Herrschaft in Diebesclans ab, wurden neue Autoritäten gekürt und alte gestürzt, und es wurden dort auch neue Verbrechen geplant. In der Stalinzeit wurden die Grenzen der Lagerzonen erweitert, sie nahmen ein riesiges Territorium ein. Das ganze Land lebte wie hinter Stacheldraht, in einer Atmosphäre der Angst, der Denunziationen, der Grausamkeit und des Verrats. In den Haftanstalten selbst wurde alles auf den Kopf gestellt: Unschuldige wurden bestraft wie Kriminelle, und hartgesottene Verbrecher tyrannisierten politische Gefangene.

Erst nach Stalins Tod, Mitte der fünfziger Jahre, wurden die Gefängnisse und Lager wieder zu dem, was sie eigentlich hatten sein sollen, zu Strafanstalten für Diebe und Mörder. Weitere zehn Jahre später schien es, als hätten die Erfolge des staatlichen Besserungssystems über das Diebesgesetz triumphiert.

Doch es war zu früh, vom Ende des Diebesgesetzes zu sprechen. Heute müssen wir eher seine Wiedergeburt konstatieren.

Wie wirkt dieses Gesetz heute?

Jeder Neuling in der Kolonie gerät in eine strenge Hierarchie, alle gehören zu irgendeiner «Kaste». Die Hauptkategorien sind «Blatnyje», «Muschiki», «Aktivisten» und «Gedemütigte».

«Blatnyje» sind die Verbrecherelite, die Herren des Gefängnislebens, die Inkarnation des Diebesgesetzes. Wie es das Gesetz verlangt, arbeiten sie nicht. Für sie «ackern» jene, die in der Hierarchie unter ihnen stehen. Die Blatnyje verfügen über drei Mittel: das Diebesgesetz, die Faust und Geld. Geld, für das man in einigen Lagern praktisch alles kaufen kann – Drogen, Frauen, Wodka –, fließt in die Gefängnisse und Lager aus den sogenannten Gemeinschaftskassen. Diese Kassen werden von Kriminellen draußen gebildet, davon wird noch die Rede sein. Um den Diebesautoritäten ein sorgenfreies und sattes Leben zu ermöglichen, gibt es Verbindungskanäle nach draußen. Es ist klar, daß solche Operationen ohne die Beteiligung der Bewacher nicht möglich wären. Über die Elite der Verbrecherwelt drinnen läuft vieles: die Werbung und Erziehung neuer Generationen von Dieben und Räubern, die Bestechung der Bewacher und Vollzugsbeamten, die Planung künftiger Verbrechen. Hier drinnen herrscht das Wolfsgesetz, dem sich kaum jemand entziehen kann.

«Muschiki» sind die größte Gruppe der Gefangenen, sie sind zum erstenmal im Gefängnis und möchten so schnell wie möglich ihre Strafe absitzen und wieder raus. Sie müssen wählen, ob sie sich der kriminellen Elite oder der Vollzugsverwaltung unterwerfen. Von ersteren können sie nicht nur verprügelt, sondern zu Krüppeln geschlagen oder getötet werden. Die Verwaltung fordert von ihnen die strenge Einhaltung der Gefängnis- beziehungsweise Lagerordnung. Und Arbeit, zu der alle Gefangenen in den Kolonien verpflichtet sind (eine Ausnahme bilden nur die Gefängnisse).

«Aktivisten» sind jene, die aus Überzeugung – oder weil sie die Tyrannei der kriminellen Elite nicht mehr aushalten – mit der Verwaltung zusammenarbeiten. Sie haben eine Chance, freiwillig zu Aufsehern oder zu Mittelsmännern der Bewacher zu werden. Von den Kriminellen werden sie dafür mit Haß und Verachtung gestraft, sie werden oft geschlagen, manchmal sogar umgebracht.

Das schwerste Los aber tragen die «Gedemütigten». Zu ihnen gehören Kranke, Schwache, Menschen, die bei Glücksspielen alles verloren haben... Und die Vergewaltigten.

Eines Tages bekam ich in der Redaktion einen Brief, in dem stand:

«In der ganzen Welt wird über Aids gesprochen. Überall wird Aids gefunden, überall wird danach gesucht. Nur die Lager und Gefängnisse werden von den Ärzten ausgelassen. Zu Unrecht. Im Laufe von Jahrzehnten hat das Leben dort alle Voraussetzungen für diese schreckliche Krankheit kultiviert. Urteilen Sie selbst.

Meine erste Strafe verbüßte ich Ende der sechziger Jahre. Damals gab es in den Lagern nur vereinzelt Päderasten. Meine zweite Haftstrafe bekam ich zehn Jahre später, ich war in zwei Gefängnissen und im Lager. Und da habe ich festgestellt, daß diese widerliche Erscheinung inzwischen weit verbreitet war.

Im Gefängnis hatte ein junger Bursche beim Kartenspiel verloren. Sie hatten angeblich nicht um Geld gespielt, aber abends kamen fünf Mann zu ihm: Los, bezahl deine Schulden. Was soll das? sagt er. Aber gut, wenn die Überweisung von meiner Mutter kommt, kriegt ihr euer Geld. Nein, sie forderten es sofort. Sie haben ihn furchtbar verprügelt, ihm die Hosen runtergezogen und ihn vergewaltigt. Und wieder hatten sie eine ‹Mieze› mehr. Und ein menschliches Leben kaputtgemacht. Früh beim Rundgang sahen die Natschalniks natürlich gleich, was los war. Sie hätten nachforschen, diese Unmenschen bestrafen müssen. Aber nein, sie taten, als hätten sie nichts gesehen, ihnen war das egal.

Die Vergewaltiger gehen straffrei aus. Die Anlässe für eine Vergewaltigung sind ganz verschieden. Sie setzen sich zusammen, flüstern miteinander und holen sich ihr nächstes Opfer... Ich habe gesehen, wie im Durchgangslager ein alter Mann verprügelt wurde. Sie hatten ihn erkannt, er war in einem anderen Lager Aktivist gewesen. Sie haben ihn grausam geprügelt, aber er hat keinen Mucks gesagt. Erst als sie ihm die Hosen runterziehen wollten, hat er wie wild geflucht. Das, was sie mit ihm machen wollten, ist eine Schande, schlimmer als der Tod. Ich hab gesehen, wie manche mit einem Strick um den Hals vergewaltigt wurden; die Blatnyje nennen das ‹unschädlich machen›. Weil das Opfer danach ein Nichts ist, ein rechtloses Tier. Sein Leben im Lager ist nur noch Schande, da ist es wirklich besser, sich aufzuhängen. Manche tun das auch. Für die anderen gibt es einen Extratisch, Extrageschirr mit Löchern. Keiner der anderen Gefangenen setzt sich zu den ‹Gedemütigten›, niemand hat Mitleid mit ihnen oder beschützt sie. Sie sind nun ständigen widerlichen, lüsternen Erpressungen ausgesetzt. Ich habe als Beispiel nur einige Episoden beschrieben, aber ich sage Ihnen, es gibt heute in den Lagern viele, die an Extratischen sitzen und aus kaputtem Geschirr essen.

All diese Greuel hätte die Verwaltung längst gründlich beseitigen können. Aber sie tut es nicht. In Gefängnissen und Lagern gibt es Lagerfunk. Alle hören Meldungen, daß wieder jemand bestraft wurde für eine Prügelei oder weil er sich betrunken hat. Aber ich habe nie eine Meldung gehört, daß einer von diesen Unmenschen für die gemeine Verletzung der männlichen und menschlichen Würde bestraft wurde. Nein, so etwas habe ich nie gehört. Alle Behörden, die Aufsicht der Staatsanwaltschaft, die Justiz, die Gefängnis- und Lagerleitungen, alle schweigen, als hätten sie sich abgesprochen. Und so blühen diese Scheußlichkeiten seit Jahrzehnten, so daß es kein Wunder ist, wenn plötzlich Aids auftritt.

1985, nach meiner letzten Entlassung, habe ich darüber an eine Zeitung geschrieben. Man hat mir geantwortet, ich hätte nicht geschrieben, in welchem Lager oder Gefängnis das konkret passiert sei. Deshalb könnten sie nichts unternehmen.

Wie soll ich den Leuten erklären, daß das eine allgemeine Erscheinung ist, höchstens in manchen Gefängnissen mehr und in anderen etwas weniger? Die Gefängnisse und Lager sind doch bei aller Isolation miteinander verbunden. Ich habe zum Beispiel in Gefängnissen in Kasachstan und Kirgisien gesessen, in Kustanaj, Zelinograd, Frunse... Und überall habe ich so etwas beobachtet. Aus verschiedenen Gefängnissen und Lagern kommen Leute und erzählen ähnliche Geschichten.

So ist das. Für die Journalisten ist es schwer, das nachzuprüfen und festzustellen, das Vollzugssystem ist ja abgeschottet, aber meine Seele hat mir keine Ruhe gelassen, ich konnte diese Gemeinheiten nicht länger verschweigen.

D. Roschkow»

Ja, so etwas ist schwer zu beweisen, das weiß ich aus eigener Erfahrung als Journalist. Die Zeugen verschwinden oder verstummen. Die Verwaltung hebt die Hände. Aber wir müssen trotzdem über diese Gesetzlosigkeit, diese Rechtlosigkeit des Menschen schreiben. Einer der Gründe, warum ich mich an die Schreibmaschine gesetzt habe, um über die Verletzung der Menschenrechte hinter Stacheldraht zu schreiben, besteht darin, daß diese Rechtlosigkeit die Verurteilten oft zu Verzweiflungstaten treibt, die dann bereits zur Gefahr für die ganze Gesellschaft werden. Bei einer der jüngsten Geiselnahmen waren die Akteure zwei junge Männer aus der Gruppe der «Gedemütigten», jener, die von ihren Leidensgefährten erniedrigt wurden. Nun hatten sie Frauen als Geiseln genommen und sie grausam mißhandelt. Bei dem Einsatz, der zur Festnahme der Flüchtenden führte, wurde einer von ihnen getötet. Er war erst 26 Jahre alt; mit sechzehn (!) war er das erste Mal hinter Gitter gekommen. Von da an war sein

Leben eine einzige Kette von Erniedrigungen und Demütigungen. Eine schlimme Situation: Ein junger Mensch, der eine Strafe für ein unbedeutendes Delikt verbüßt, wird zum Opfer eines schweren Verbrechens, das die Verwaltung der Haftanstalt ignoriert.

Warum?

Weil es für die Verwaltung von Vorteil ist, die Wolfsregeln des Diebesgesetzes in ihrem Interesse auszunutzen. Bis heute macht sie sich die Aufspaltung der Gefangenen in hierarchische Kategorien zunutze. Mit Häftlingen, die zerspalten sind und nicht zusammenhalten, läßt sich leichter umgehen. Wenn ich vom Umgang mit den Häftlingen rede, meine ich nicht die Wach- und anderen Vollzugsbeamten, die sich einfach an den Kriminellen bereichern, jene Verbrecher in Uniform, die für viel Geld Drogen, Wodka und Prostituierte in die Zellen schmuggeln, verbotene Post weiterleiten und andere Vergünstigungen anbieten. (Allein 1988 wurden mehr als 5500 Beamte in Vollzugsanstalten für Verstöße verschiedener Art, darunter auch Gesetzesverletzungen, vom Dienst suspendiert.) Dennoch ist das die Minderheit. Aber auch für die anderen ist es vorteilhaft, die Masse der Gefangenen in sklavischer Abhängigkeit und Rechtlosigkeit zu halten.

Die Nebenwirkungen des Lebens hinter Gittern sind beträchtlich. Die Klientel, die sich hier sammelt, bringt natürlich schon von draußen ihre spezifischen Sitten und Krankheiten mit. Doch fügen Gefängnisse und Lager noch eine gehörige Portion neuer Probleme hinzu. Dazu weitere statistische Daten.

In einer Kolonie wurden 350 von 1393 Gefangenen offiziell als psychisch krank eingestuft, 800 als Alkoholiker. In einer anderen Kolonie waren 90 Prozent der Insassen Alkoholiker.

Um sich wenigstens für kurze Zeit das Leben zu erleichtern

und sich im Gefängniskrankenhaus zu «erholen», sind Selbstverstümmelungen bei den Häftlingen weit verbreitet. Der Chirurg eines Haftkrankenhauses hat eine ganze Sammlung von Gegenständen zusammengetragen, die absichtlich verschluckt wurden – Löffel, Gabeln, Nägel, Glassplitter, Eisenstücke. Wer solche Gegenstände verschluckt, riskiert natürlich sein Leben, doch handelt er keineswegs im Affekt, sondern durchaus überlegt. Der Gegenstand wird geschliffen, abgestumpft und desinfiziert, und sobald der Häftling ihn sich einverleibt hat, meldet er es der Wache.

Außerdem gibt es Selbstmorde, Ausbrüche kurz vor der Entlassung, Anfälle von Hysterie, Wut und Sadismus – ein täglicher unerträglicher Stress. Das ist der allgemeine Hintergrund, vor dem, wie das Gesetz es will, Menschen «umerzogen» werden sollen, um «mit reinem Gewissen» entlassen zu werden.

Aber kommen sie je frei? Die Praxis belegt das Gegenteil: Sie tragen die Lagergewohnheiten und -gesetze nach draußen und verbreiten sie dort. Von der Psychologie der Lager und Gefängnisse ist die Armee durchdrungen, sie ist weit verbreitet unter Halbwüchsigen, die «starken Persönlichkeiten» nacheifern und von «echten Männern» lernen, die durch Feuer, Wasser und Posaunenchöre gegangen sind, Männern, die die «Universität» des Gefängnis- und Lagerstaats absolviert haben.

Eine solche Erziehung der Halbwüchsigen ist besonders in Gegenden auffällig, wo es viele Lager gibt. Traditioneller Ort für Strafanstalten und Verbannung in Rußland ist Sibirien.

Die Geschichte der sibirischen Verbannung ist vierhundert Jahre alt; schon die Zaren schickten politische Gegner und Kriminelle in diese ferne, kalte Region. Ende des vorigen Jahrhunderts wurden jährlich bis zu zwanzigtausend Verurteilte dorthin verbannt. Damit wurde nicht nur beabsichtigt, die zentralen Regionen des Landes von Verbrechern und politischen Unruhestiftern freizuhalten. Mit Hilfe der Verbannten sollte Land erschlossen und dieses entlegene, aber äußerst reiche Gebiet bewirtschaftet werden. Gigantische Ausmaße nahm die Umsiedlung von Verurteilten über Tausende von Kilometern in der Zeit der Stalinschen Lager an; wer hat nicht schon von Kolyma und Magadan gehört? Doch diese Praxis lebt bis heute fort. Die langjährige Tradition konnte nicht ohne Folgen bleiben: Die Verbrechensquote ist in Sibirien viermal so hoch wie zum Beispiel in Transkaukasien. Daraus ergeben sich unzählige lokale Probleme.

Die Stadt Atschinsk. In den siebziger Jahren lebten hier rund siebentausend Straftäter auf Bewährung (solche, die wegen «guter Führung» vorzeitig aus dem Lager entlassen wurden, sich jedoch laut Gesetz an einem festgelegten Ort aufhalten mußten). Diese Menschen bauten eine Tonerdefabrik. Wie bauten und lebten sie? Sie tyrannisierten die Stadt mit kriminellem Terror. Es gab Massenunruhen und Verbrechen, die auch Menschenleben kosteten.

Ins Irkutsker Gebiet werden bis heute Sträflinge aus 42 Gebieten des Landes gebracht. In das Gebiet Krasnodar kamen allein 1987 3500 Sträflinge zur Arbeit auf Baustellen. Sie unternehmen häufig Ausbruchsversuche und schaffen eine angespannte Situation in den umliegenden Städten und Siedlungen.

Eine weitere charakteristische Tatsache. In Sibirien gab es nie Rauschgiftsüchtige. Bis irgend jemand auf die Idee kam, hier eine Sonderkolonie für Sträflinge anzusiedeln, die wegen Drogendelikten verurteilt worden waren. Seit 1961 werden Landstreicher und Prostituierte aus dem ganzen Land nach Sibirien verbannt, was nicht so sehr zu ihrer Besserung als vielmehr zu einer rapiden Ausbreitung von Geschlechtskrankheiten unter den Einheimischen führte. In einigen Städten Sibiriens und des Fernen Ostens sind bis zu zwei Drittel der Bevölkerung in Strafkolonien gewesen.

Ökonomen haben errechnet, daß die Ansiedlung von tausend Arbeitern an einem neuen Ort 20 Millionen Rubel kostet. Der «Preis» der Sträflinge ist zwanzigmal geringer. Sie bekommen nur zwei Quadratmeter «Wohnfläche» in einer Lagerbaracke. Und keinerlei Technik; vier, fünf Mann verrichten eine Arbeit, die ein qualifizierter Facharbeiter allein bewältigen könnte. Aber der müßte bezahlt werden. Die brutale und kurzsichtige Ökonomie dieses Landes wollte auch hier sparen. Häftlinge bekommen nur wenig Geld. Auf den ersten Blick scheint die Rechnung für den Staat aufzugehen, aber eine tiefer dringende Betrachtung zeigt, daß die dadurch entstehenden Probleme, genauer: ihre Bewältigung, ihn letztendlich viel mehr Geld kosten. Aber dafür zahlen andere, Jahre später, wenn für diesen ökonomischen Irrwitz niemand mehr zur Verantwortung gezogen werden kann. Und so wird weiter «gebaut», wird eine «Großbaustelle» nach der anderen organisiert und letzten Endes der Staat ruiniert.

Dazu der Verwaltungschef einer der größten Kolonien im Osten des Landes, ein Oberst: «Wenn jemand ausbricht, kann mich das meine Schulterklappen kosten. Wenn die Gefangenen den Produktionsplan nicht erfüllen, kostet es mich den Kopf.»

Die Gefangenen produzieren Bungalows, Lastenaufzüge, Krane, Pumpen, Elektromotoren, Erdölbohrtürme, Beleuchtungstechnik für Theater, Straßenlaternen, Sitze für Düsenflugzeuge, Teile für Autos und Traktoren und vieles andere. Sie roden Millionen Kubikmeter Wald, schachten Millionen Kubikmeter Boden für Baugruben aus.

Im Winter rast der Wind mit schrecklicher Geschwindigkeit über die Tundra Sibiriens und heult wie ein Düsenflugzeug am Ende der Startbahn. Anfang der siebziger Jahre reiste ich mit einer Gruppe Moskauer Journalisten und Schriftsteller zu «Begegnungen mit dem Volk» in diese tiefe Provinz: zur Grube Wargaschosskaja, jenseits des Polarkreises, im Norden der zu Rußland gehörenden Komi-Republik. Dort sollten Vorträge gehalten werden, die niemanden interessierten. Wir stiegen aus dem eiskalten Bus in die Frostluft. Minus 50 Grad. Polarnacht. Hell leuchteten in geometrischer Ordnung aufgestellte Lampen. Sie bogen sich im Wind und warfen ihr weißes Licht auf militärisch exakt ausgerichtete flache Baracken. Ein berühmter Moskauer Schriftsteller fragte verwundert: «Sag mal, warum ist denn der ganze Grubenbau mit Stacheldraht umzäunt?» Ihm war nicht klar, daß wir zu einer «Begegnung» mit einem «Kollektiv» von Gefangenen gebracht worden waren, das die damals größte Grube Europas baute. Viele Tausende Gefangene – Diebe, Mörder, Betrüger, wegen Unterschlagung oder Bestechungsgeldaffären Verurteilte – arbeiteten auf dieser Baustelle.

Das unmenschliche System der Sklavenarbeit, das im Stalinschen Gulag vervollkommnet wurde, existiert also weiter. Mehr noch, es ist ein bedeutender Bestandteil unserer «sozialistischen» Wirtschaft.

Das Ministerium des Innern gehörte, gemessen an seinem Produktionsumfang, neben dem Verteidigungs-, dem Energie- und dem Maschinenbauministerium zu den sechs größten der UdSSR. Im Schoße der Miliz werden nach wie vor Milliardenwerte produziert! Bis heute wird über die Hälfte des gesamten Holzes, das zum Teil ins Ausland geht, von Häftlingen geschlagen und transportiert. Im Metallurgiebetrieb «Amurstal» habe ich ein abgeteiltes Arbeitsterrain für Häftlinge gesehen. Es war mit Stacheldraht umzäunt und von Wachtürmen umgeben. Die Häftlinge bauen in großem Umfang; alle bekannten Baustellen im Fernen Osten, in Sibirien und Kasachstan begannen als Lager, die schwersten und schmutzigsten Arbeiten wurden dort von Häftlingen verrichtet. Es sieht so aus, als sei der Staat auf die riesige Menge von Menschen angewiesen, die vom Gericht in die Lager geschickt werden. So aberwitzig es klingt, nach Informationen, die ich erhalten habe, werden gerade in diesen Tagen für künftige Baustellen neue Lager errichtet. Es hat sich eingebürgert, daß die Chefs großer Verwaltungen sich ans Innenministerium wenden mit der Bitte um ein «Kontingent» von Häftlingen. Das alles hat nicht nur verheerende Auswirkungen auf die Wirtschaft, es führt auch jede Idee einer Besserung der Menschen in den Lagern ad absurdum.

Gebaut wird schlecht. Gearbeitet wird schludrig. Verdient wird miserabel. Schwere Arbeit und schlechte Ernährung verursachen Erkrankungswellen. Die Tuberkulose ist seit einiger Zeit sehr verbreitet. Sie kommt aus den Strafanstalten.

Solange unsere Gesellschaft nicht begreift, daß diese Praxis der Sklavenausbeutung zur Bewältigung staatlicher Aufgaben für alle äußerst nachteilig ist, sowohl für die Gefangenen als auch für die Menschen draußen, wird dieser schreckliche geschlossene Kreislauf weiter funktionieren: Die Wirtschaft verlangt billige Arbeitskräfte, und Miliz, Staatsanwaltschaft und Gericht «beliefern» die Lager. Und der Gesetzgeber denkt sich Gesetze aus, die gewährleisten, daß sie gefüllt bleiben. Entlassen werden aus den Lagern Kranke und Kriminelle, die die Gesellschaft belasten und tyrannisieren.

Milizionäre als Mörder

Natalja Zigelnikowa konnte sich nicht genau erinnern, wann sie begriffen hatte, daß sie umgebracht werden sollte. Aber daß es so war, daran zweifelte sie nicht. Da erklärte sie ihrem Mann, wenn ihr etwas zustieße, würden Briefe an fünf Adressen von Bekannten geschickt. Und alle würden erfahren, wer sie, eine Zeugin, beseitigen wollte.

Begonnen hatte die Tragödie, zwei Jahre vor dem Höhepunkt, mit einem Scherz. Eines Tages, irgendwann 1982, wollte Natalja, wie es in ihrer aktenkundigen Aussage heißt, ihrem Mann, den sie von der Arbeit zurückerwartete, einen harmlosen Streich spielen – sie versteckte sich. Doch der Scherz gelang nicht ganz; der Mann kam nicht allein nach Hause, sondern mit zwei Kollegen, Meschtscherjakow und Sawrajew. Natalja schaffte es nicht mehr, die Kammer, in der sie sich verborgen hielt, rechtzeitig zu verlassen – die Männer sprachen ohne Umschweife über einen soeben begangenen Mord.

Meschtscherjakow beschimpfte ihren Mann und Sawrajew, weil sie sich ungeschickt angestellt und lauter Spuren hinterlassen hätten. Sawrajew rechtfertigte sich, der Taxifahrer habe sich zur Wehr gesetzt und dauernd seinen Bart in den Schal gesteckt, mit dem sie ihn gewürgt hatten. «Ihr solltet weniger trinken!» schrie Meschtscherjakow. Natalja in ihrem Versteck hörte alles und begriff: Sie waren tatsächlich betrunken. Und sie waren Mörder.

Besondere Angst bekam die Frau, als «Pan Kopf», so nannten sie Meschtscherjakow, erklärte, wie sie die Spuren des Verbrechens beseitigen müßten.

Natalja verließ ihr Versteck erst, als ihr Mann allein im Zimmer war. Sie versuchte sofort, ihn zu überreden, er solle sich stellen. Doch er schüttelte den Kopf und wiederholte immer wieder: «Du hast keine Ahnung, wie viele wir sind und wer alles dazugehört.» Später, als er etwas nüchterner war, bat er sie inständig, niemandem etwas zu erzählen: «Sie zwingen mich, dich umzubringen, wenn du zur Miliz gehst.» Damals maß sie den Worten ihres Mannes wenig Bedeutung bei. Sobald er eingeschlafen war, durchsuchte sie seine Manteltaschen. Sie fand eine braune Brieftasche, darin einen Ausweis auf den Namen Silantjew.

Am nächsten Tag tauchte dieser Name bereits im Ereignisbericht der Stadt Chabarowsk auf, die der auf Morduntersuchungen spezialisierte Oberinspektor der Kriminalmiliz, Hauptmann Alexander Zigelnikow, auf den Tisch bekam. Es war der Name eines Taxifahrers, der als vermißt gemeldet wurde.

Ein ebensolcher Bericht lag auch vor einem anderen Hauptmann der Miliz, dem Oberinspektor der Rauschgiftabteilung Valeri Meschtscherjakow. Die beiden Gleichaltrigen, die zusammen an der Chabarowsker Milizhochschule studiert hatten, galten als zwei der besten Kriminalisten der Stadt Chabarowsk.

Daß seine Frau Zeuge des nächtlichen Gesprächs geworden war, verschwieg Zigelnikow seinem Vorgesetzten, Pan

Kopf. Auch die anderen Mitglieder der Bande erfuhren davon nichts. Eine Zeitlang tat das Ehepaar so, als wäre das Geschehene vergessen. Doch nach einigen Monaten wurde die Frau erneut Zeugin eines schrecklichen Gesprächs. Wieder ging es um Mord. Zigelnikow und Sawrajew, der von seinen Freunden «Wäßriger» genannt wurde, saßen zu Hause und tranken Wodka. «Du hättest nicht schießen sollen, dann hätte er nicht so gebrüllt! Ich mußte ihn mit dem Messer erledigen», sagte ihr Mann zum Wäßrigen. Sie begriff, daß Sawrajew geschossen und Alexander dem Opfer den Rest gegeben hatte. Das Opfer nannten sie «Blinder». Sie hatten den zum Tode Verurteilten am Restaurant «Ferner Osten» ins Auto gesetzt und ihn aus der Stadt gebracht. Dort hatten sie ihn getötet und den Leichnam verbrannt.

Zwei Monate später tranken Zigelnikow und Sawrajew wieder zusammen, und wieder belauschte sie ihr Gespräch. Diesmal absichtlich. An jenem Tag waren die beiden hinausgefahren, um die Überreste der Leiche des «Blinden» zu vergraben. Sie schimpften auf Meschtscherjakow. Er war auch mitgefahren, hatte sich aber, wie Natalja hörte, nicht die Hände schmutzig gemacht, sondern war nur mit einem Gewehr herumgelaufen. Für alle Fälle. Ein paar Tage später fand sie in der Hosentasche ihres Mannes eine Goldkette, völlig verdreckt und mit Stoffetzen daran. Am Tag zuvor hatte ihr Mann sie gefragt: «Wie reinigt man Gold?» Außerdem erfuhr sie, daß Meschtscherjakow den beiden Freunden für den begangenen Mord je hundert Rubel gezahlt hatte.

Da begriff Natalja, daß die Drohung ihres Mannes kein trunkenes Gefasel gewesen war und daß sie sich in Todesgefahr befand. Sie beschloß, zum Chef der Kriminalmiliz von Chabarowsk, Oberst Koss, zu gehen. Sie erzählte ihm alles, was sie wußte, auch von der schwarzen Aktentasche mit Pistolen, Messern, einer Handgranate und einem Gewehrstutzen, die vor einigen Tagen in ihrer Wohnung aufgetaucht war, und von den Drohungen ihres Mannes gegen sie und ihren Sohn aus erster Ehe. Sie erzählte alles und rechnete jeden Tag damit, daß Alexander ins Gefängnis käme.

Doch nichts dergleichen geschah. Oberst Koss, den sein Dienst verpflichtete, das Verbrechen in dem großen Gebiet, für das er zuständig war, zu bekämpfen, gehörte selbst zu der Bande. Jedenfalls wußte er, womit sich ihre Mitglieder in Miliziuniform befaßten.

«Tot ist tot», pflegte Meschtscherjakow alias Pan Kopf zu wiederholen, wenn er die gründliche Ausschaltung von Zeugen erwog. Nach Nataljas Besuch bei Oberst Koss war ihr Schicksal besiegelt. Meschtscherjakow suchte nur noch einen Vollstrecker. Er versuchte, den Rückfallkriminellen Jurtschenko dafür zu gewinnen. Als Belohnung versprach er ihm einen roten Shiguli, der der Bande gehörte. Jurtschenko wollte es nicht riskieren, seinem ehemaligen Untersuchungsführer eine Absage zu erteilen. Aber er war clever und verschwand aus der Stadt. Auch der zweite Versuch, einen Mörder anzuheuern, scheiterte. Schließlich wurde beschlossen, daß Zigelnikow selbst mit seiner neugierigen Frau abrechnen sollte; er sollte mit ihr ans Meer fahren und sie dort ertränken. Das wäre wahrscheinlich auch passiert, wären die Verbrecher nicht vorher verhaftet worden.

Außer den schon genannten Mitgliedern der Bande gehörten ihr ein weiterer Milizhauptmann, Sergej Kostin, und der Justitiar Anatoli Nowitschenko an, ein ehemaliger Major der Miliz, der wegen Alkoholmißbrauchs entlassen worden war. Oberst Koss, der in der Strafsache auch eine Rolle spielte, war an den zahlreichen Verbrechen der Bande nicht unmittelbar beteiligt gewesen, er hatte vor allem als ihr zuverlässiger Schutzpatron fungiert. Die Bande hatte sich schließlich ein großes Ziel gesetzt: einen Überfall auf die Staatsbank, worauf sie sich intensiv vorbereitete. Und das sollte nur der Anfang sein, weitere Überfälle großen Stils auf Banken und andere Einrichtungen sollten folgen. Um ihre Pläne zu verwirklichen, waren vor allem Waffen nötig. Viele Waffen.

Die Waffen in der schon erwähnten schwarzen Aktentasche, die die neugierige Natalja geöffnet hatte und die inzwischen in einem Versteck lag, das Meschtscherjakow im Grab seiner Mutter eingerichtet hatte, reichten dafür bei weitem nicht aus. Sie brauchten Schußwaffen, und über Möglichkeiten, die zu beschaffen, grübelte Pan Kopf nach.

Wohnungseinbrüche, die die Bande verübte, brachten das Geld für die laufenden Kosten. Davon kaufte sie auch ein Auto, den roten Shiguli, mit dem das Diebesgut transportiert wurde. Im Wagen lagen stets Pistolen und Handschellen, für alle Fälle. Im Gepäckraum befand sich außerdem ein nach Zeichnungen von Meschtscherjakow angefertigtes Spezialgerät, mit dessen Hilfe Wohnungstüren aufgeschoben werden konnten, ohne sie aufzubrechen.

Meschtscherjakow selbst nahm an den Einbrüchen nicht teil, erhielt jedoch nach jedem «Einsatz» den gleichen Anteil wie die anderen. Anhand der Ereignisberichte, die er jeden Tag auf den Tisch bekam, überprüfte er genau, ob die «Kollegen» ihm auch keinen Anteil an der Beute unterschlagen hatten. Aber Hauptmann Meschtscherjakow hatte noch weitere Einnahmequellen für seinen persönlichen Bedarf.

Wie bereits erwähnt, leitete er die Bekämpfung der Drogenkriminalität in Chabarowsk. Niemand war besser darüber informiert, wer dringend Drogen brauchte. Und diesen Bedürftigen verkaufte er die benötigten Ampullen. Die meisten seiner Kunden waren Kriminelle, die bereits in Gefängnissen und Lagern gesessen hatten. Von manchen kassierte er nicht für Drogen, sondern für die Gewährung von Schutz. Von Zeit zu Zeit hielt er seine Versprechen ein. Manchmal erpreßte er aber auch jemanden, zum Beispiel den Anführer der Chabarowsker Falschspieler.

In der Liste der Meschtscherjakow vom Gericht vorgeworfenen Vergehen spielt auch Gold eine Rolle. Genauer gesagt, Goldstaub, der in der Sowjetunion nicht gehandelt werden darf und den er direkt von den Schürfstätten bekam. Dieses Gold verband ihn fest mit Oberst Koss. Es gab ihm zusätzlich das Gefühl, vor Strafe gefeit zu sein. Außerdem wußte er, daß im Safe des Obersts ebenfalls Ampullen mit Rauschgift lagen und daß dieser auch auf ungesetzlichem Wege Waffen beschaffte.

Natalja hatte sich mit ihrer Klage über die Verbrechen der Milizionäre an eine ungeeignete Adresse gewandt.

Aus dem Gerichtsurteil: «Im Zeitraum von 1982 bis 1984 war in Chabarowsk eine Bande aktiv. Ihr gehörten Mitarbeiter der Kriminalmiliz an. Anführer und Organisator der kriminellen Vereinigung war der Milizhauptmann Meschtscherjakow. Auf das Konto der Bande gehen drei vorsätzliche Morde, drei Mordversuche, 36 Fälle von Diebstahl, Brandstiftungen, Nötigung; geplant waren Überfälle auf staatliche Betriebe und Einrichtungen...»

Das Gericht fällte das Todesurteil über Meschtscherjakow, Zigelnikow und Sawrajew. Die anderen wurden zu zehn Jahren Freiheitsstrafe verurteilt, der ehemalige Oberst Koss zu acht Jahren.

Nun einige Auszüge aus einem Dokument mit dem Titel «Kriminelle Organisationen im Fernen Osten». Es ist mit dem Vermerk «Nur für den Dienstgebrauch» versehen; so wurde die Geheimhaltungsstufe der für Mitarbeiter des Innenministeriums bestimmten Informationen gekennzeichnet. Seit kurzem sind solche Papiere auch Journalisten, die über Kriminalität schreiben, zugänglich. Damit sind sie jetzt zum Glück nicht mehr ganz so geheim.

«Im Gebiet Chabarowsk existiert eine kriminelle Organisation, die sich ‹Gemeinschaftskasse› nennt. Im Unterschied zu anderen Regionen des Landes sind die kriminellen Organisationen im Fernen Osten straffer strukturiert und erstrekken sich auf das gesamte Gebiet. Außerdem haben sie Einfluß auf andere Gebiete. Einer der Gründe dafür liegt darin, daß hier traditionell Strafanstalten angesiedelt sind, Gefängnisse und Lager. Das führt zur Kriminogenität eines großen Teils der Bevölkerung der umliegenden Städte und Siedlungen. Ebenso traditionell existieren hier Kanäle, durch die verbotene Gegenstände in die Strafanstalten gelangen…»

Aus dieser bürokratisch trockenen Mitteilung gehen sehr bedenkliche Tatsachen hervor. Mit «verbotenen Gegenständen» sind in erster Linie Drogen gemeint, aber auch Waffen und Geld. Außerdem sind auch Informationen, die in die Lager gelangen, von großer Bedeutung; sie ermöglichen den Chefs der Verbrecherwelt, auf Kriminelle draußen Einfluß auszuüben.

Äußerlich ist die «Gemeinschaftskasse» ein Hilfsfonds für Gefangene. Tatsächlich aber ist sie eine Form und Methode zur ständigen Wiederbelebung krimineller Traditionen und zur Einbeziehung und Ausbildung neuer Profis der Verbrecherwelt. Darüber hinaus bestärkt die Existenz der «Gemeinschaftskasse» die einfachen Kriminellen in ihrem Glauben daran, daß ihr Anführer sie auch aus dem Gefängnis weiter anleitet und daß auch ihnen Hilfe zuteil würde, wenn sie hinter Gitter geraten sollten. Wichtig ist auch, daß die «Gemeinschaftskasse» eine wachsende Kriminalität provoziert; schließlich muß immer mehr Geld dorthin gebracht werden, wo Verurteilte sitzen. Und die einzige Methode, die Kasse zu füllen, sind natürlich Verbrechen.

Auf der untersten Ebene sieht das «Geldbeschaffungssystem» für die «Gemeinschaftskasse» so aus, daß Schläger organisierter krimineller Gruppen mit jeweils vier bis sechs Mitgliedern Geld eintreiben. Sie bekommen «Abgaben» von größeren «Geschäftsleuten». Jeder Schläger kontrolliert seinen Sektor, einen Stadtbezirk oder einen bestimmten Ort. Die eingetriebenen Abgaben werden einer «Autorität» übergeben, die für die Geldbeschaffung in der Stadt oder dem Bezirk zuständig ist, und von ihr dann an Personen, die dem Chef nahestehen – den Kern der «Gemeinschaftskasse» –, weitergeleitet.

Die Geldbeschaffung bildet also das Zentrum der kriminellen Organisation. Es bestimmt die Strukturen, die die Stabilität der Organisation gewährleisten. Dazu gehören Gruppen, die sich mit der Planung, Kontrolle und Beschaffung von Mitteln, mit der Aufnahme neuer Mitglieder und ihrer Ausbildung, mit Aufklärung und Gegenaufklärung und mit den Beziehungen zu anderen Banden befassen.

Geleitet wird die Verbrecherorganisation «Gemeinschaftskasse» von einem weithin bekannten «gesetzestreuen Dieb». Um den Anführer schart sich ein Führungskern von etwa 35 Personen, der sogenannte «Bruderkreis». Zu ihm gehören die engsten Vertrauten des Anführers, ein «Politbüro» aus fünf Gruppenmitgliedern. Einer der fünf (der Anführer selbst) ist für die Verbindung zu Gefängnissen und Lagern und anderen gesetzestreuen Dieben zuständig, einer für die Beschaffung von Drogen, die Verwahrung eines Teils der Diebeskasse und die Planung von Verbrechen; einer betreut das Territorium, sorgt für die Verbindung der «Gemein-schaftskasse» zu anderen Städten und erfüllt Versorgungs-aufgaben, der vierte ist der Ideologe, er ist für seinen ter-ritorialen Sektor, eine Reihe von Orten, zuständig und hält Verbindung zum Gefängnis, der fünfte betreut den Rest des Territoriums und hält Verbindung mit Lagern und Gefäng-nissen.

Zu den Ausführenden gehört eine «Operativgruppe». Sie besteht zum größten Teil aus Schlägern, die Geld erpressen und für die Aufrechterhaltung der inneren Ordnung sorgen. Eine Untergruppe von «Verbindungsleuten» hält die Verbin-dung zu Kolonien, die «Schutztruppe» gewährleistet den Schutz des Führungskerns. Eine besondere Stellung nehmen die «Aufklärer» ein, die nur zu den Mitgliedern des «Politbü-ros» Verbindung haben.

«Die Organisation ‹Gemeinschaftskasse› ist weit ver-zweigt und geheim; sie operiert in Chabarowsk, Sowjetskaja Gawan und Komsomolsk am Amur. Aktive Mitglieder sind etwa zweihundert Personen, insgesamt sind rund dreihun-dert Personen mit der Organisation verbunden. 70 Prozent davon sind vorbestraft, über ein Drittel mindestens dreimal, rund 4 Prozent gelten als besonders gefährliche Rückfalltä-ter.»

Einer der Autoren des von mir zitierten Dokuments ist Alexander Gurow, dessen Namen ich bereits erwähnte. Er leitete die Bekämpfung des organisierten Verbrechens in un-serem Land. Bekannt wurde er durch ein Interview und einen Aufsatz in der *Literaturnaja gaseta*. «Der Löwe ist gesprun-gen» hieß der Artikel, durch den die Bevölkerung von der Existenz organisierter Verbrecherbanden in unserem Land erfuhr. Als Beispiel nannte Gurow damals auch die Chaba-rowsker Organisation.

Chabarowsk reagierte unverzüglich. Der Erste Sekretär des Chabarowsker Gebietskomitees der KPdSU, A. Tschorny (der erste Mann in dem riesigen Gebiet), schrieb voller Wut an die Redaktion, Gurows Artikel habe «eine ungesunde Aktivität unter den Rückfallkriminellen sowie Unverständnis bei den Mitarbeitern der Rechtsschutzorgane und Beunruhigung unter den Werktätigen des Gebiets» hervorgerufen. A. Tschorny leugnete in seinem Brief kategorisch die Existenz irgendwelcher Verbrecherorganisationen in und um Chabarowsk.

Stellen wir jetzt diese beiden Dinge gegenüber, die kriminelle Geschichte der Bande Chabarowsker Milizionäre und die Untersuchungsergebnisse des Juristen Gurow. Und suchen wir eine Antwort auf die Frage: War es für die Miliz von Vorteil, sich ernsthaft mit der «Gemeinschaftskasse» zu befassen? Wozu? Um den Genossen Tschorny zu enttäuschen, ihm und sich die Karriere zu verderben? (Die des Genossen Tschorny endete übrigens erst vor kurzem, der ehemalige Hausherr des Gebiets ist jetzt ein gutsituierter Pensionär.) Oder war es nicht viel sinnvoller, Kontakte mit dem kriminellen «Politbüro» zu knüpfen und seinen Anteil an der Diebesbeute zu kassieren? Ich glaube, Meschtscherjakows Bande war kurz davor, den zweiten Weg zu beschreiten, nur blieb ihr dazu keine Zeit mehr.

In der viele Bände umfassenden Strafakte Meschtscherjakow gibt es noch einen wichtigen Hinweis. Er bezieht sich auf die ehemaligen Kriminellen, denen Meschtscherjakow Drogen verkaufte. Von einigen heißt es in der Akte, Meschtscherjakow habe mit ihnen «in einem Dienstverhältnis» gestanden. Weiter heißt es dort, er habe sich widerrechtlich Geld aus den «im § 9 des Haushaltsplans des Ministeriums des Innern vorgesehenen Mitteln» angeeignet.

Von welcher Art «Dienstverhältnis» ist hier die Rede, und was ist das für ein geheimnisvoller, niemandem bekannter, vor der Gesellschaft peinlich verborgener Paragraph 9?

Antwort darauf gibt ein Brief, den ich als Reaktion auf einen meiner Artikel in der *Iswestija* bekam.

«Ich sage Ihnen gleich, daß ich bei den Inneren Truppen des Ministeriums des Innern gedient habe; ich habe eine Milizschule absolviert und war Offizier des MdI; das, worüber ich schreibe, kenne ich also nicht nur so vom Hörensagen. In der ganzen Sowjetunion werden Fälle von kriminellen Aktivitäten, in die Angehörige der Miliz verwickelt sind, aufgedeckt; dabei kann nicht die Rede von Einzelerscheinungen sein. Das ist ein System.

Erlauben Sie mir, den wichtigsten Grund zu nennen, warum ich keine Achtung vor der Miliz habe, obwohl ich für einige Mitarbeiter Sympathie hege. Vor allem dies: Im achten Jahrzehnt der Sowjetmacht gibt es im Budget der Miliz den § 9, der die Beschäftigung bezahlter Agenten ermöglicht. Wen? Wie? Wofür? Das weiß niemand außer der Miliz (und auch da nicht alle, nicht einmal alle Natschalniks). In jeder ihrer Kreisdienststellen arbeiten fünf oder sechs Inspektoren der Kriminalmiliz, noch einmal so viele beschäftigen sich speziell mit Delikten von Diebstahl sozialistischen Eigentums. Das sind also zehn oder zwölf Mitarbeiter mit spezieller Ausbildung plus zwei Chefs der Dienste, die mit Agenten arbeiten können. Keiner von ihnen hat weniger als zehn oder zwölf Agenten, manche mehr. Auf jede Kreisdienststelle kommen also 100 bis 120 Agenten. Das heißt, 100 bis 120 Personen im Kreis werden dafür bezahlt, daß sie uns, unsere Familien und unsere Bekannten beobachten. Alles hängt davon ab, welchen Platz Sie in der Gesellschaft einnehmen. Ich lache jedem ins Gesicht, der behauptet, daß es in den Geschäf-

ten, in den Redaktionen der Presse, auf Post- und Telegrafen-
ämtern, Banken, in Betrieben, Restaurants und Cafés keine
Agenten gebe. Meine Schätzungen sind eher zu niedrig.

Darüber hinaus gibt es noch ‹Vertrauenspersonen›, die von
Fall zu Fall bezahlt werden. Auch die Abschnittsbevoll-
mächtigten haben ihre ‹Vertrauenspersonen›, doch sie verfügen nicht über Mittel lt. § 9, darum belohnen sie Dienste in
der Regel mit Nachsicht; sie drücken bei Schnapsbrennerei,
Prostitution und anderem ein Auge zu.

Informationen über Arbeitskollektive werden bei der Miliz
gesammelt, statistisch ausgewertet und regelmäßig ‹nach
oben› weitergeleitet. Was dort damit passiert, weiß kein
Mensch. In jeder Stadt gibt es konspirative Wohnungen, in
denen der Agent, je nach Wert der von ihm gelieferten Informationen, mit Kognak oder Portwein bewirtet wird. In der
UdSSR erscheint eine spezielle Zeitschrift, in der Agenten Informationen und Erfahrungen austauschen, wenn auch unter
Pseudonymen, die manchmal sehr hübsch sind, wie ‹Phlox›,
‹Rose› usw. Alle diese ‹Blüten› beobachten uns.

In der UdSSR gibt es Agenten, Residenten, Vertrauenspersonen; sie geben eine eigene Zeitschrift heraus. Keine Agenten ‹von drüben›, sondern unsere hausgemachten, die ihre
‹dreißig Silberlinge› nicht in Pfund oder Dollar beziehen,
sondern in Rubeln, und mitunter ist das mehr, als ein qualifizierter Facharbeiter bekommt. Darüber muß man nicht nur
reden, das muß man hinausschreien. Ich kann unwiderlegbare Tatsachen anführen, wann und wo wer von Mitarbeitern der Miliz bespitzelt wurde. Unwiderlegbare Tatsachen!
Wie kann ich da Achtung haben? Vor wem? Vor Spitzeln und
Denunzianten?

Dabei rede ich gar nicht von denen, die im Lager, in der
Hoffnung auf Vorteile, für ein zusätzliches Lebensmittelpa-

ket, mit der Miliz zusammenarbeiten. Sie geraten nach der Entlassung automatisch unter die ‹Fittiche› der Miliz; nachdem sie sich im Lager einmal auf einen Kompromiß mit ihrem Gewissen eingelassen haben, bleiben sie für immer ‹Kader› der Miliz. Der Krake hält jeden fest. Jeder denkende Mensch weiß, daß es bei uns außer der Miliz noch das KGB und die militärische Abwehr gibt. Wir wissen nichts über deren Arbeit, aber ich wage zu behaupten, daß sie die Hände nicht in den Schoß legen. Sie haben einfach die qualifizierteren Mitarbeiter und außerdem Spitzentechnik...

Mit Achtung für die *Iswestija*, I. Petrow»

Dieser Brief erschien nicht in der Zeitung, das Problem war zu delikat und kompliziert. Hier kam vieles zusammen: das schwere Erbe der Stalinschen Vergangenheit, als der Bruder den Bruder denunzierte und die Frau ihren Mann, und die mangelnde Professionalität unserer Miliz. Und natürlich die fehlende Glasnost, die einen so umfangreichen und unkontrollierten Einsatz von Spitzeln unmöglich gemacht hätte. Aus diesem ganzen Knäuel von moralischen, historischen und anderen Problemen möchte ich nur eines herausgreifen. Darum hier noch eine Geschichte, mit der ich vor einigen Jahren zu tun hatte.

Den Milizoberst Anatoli Semzow aus Smolensk lernte ich 1987 kennen. Er sah aus wie die Detektive und Abenteuerhelden im Film: braungebranntes, wettergegerbtes Gesicht, stählerner Blick, männliches Kinn, gerader Rücken, kalte Dusche am Morgen usw. Übrigens habe ich Semzow nie in Uniform gesehen; als wir uns kennenlernten, war er schon aus der Miliz entlassen und trug keine Schulterklappen mehr. Er war zu mir gekommen, um mir von den ungerechten Verfolgungen durch die Chefs des Innenministeriums zu erzählen, denen er ausgesetzt war und durch die er seine Arbeit verloren hatte. Ich will nicht die ganze traurige Geschichte erzählen, nur soviel: Meine mehrjährige Bekanntschaft mit ihm und Berge von Papieren, die ich gelesen habe, führten mich zu der Überzeugung, daß der ehemalige Oberst ein anständiger und ehrlicher Mensch ist und ein hochqualifizierter Milizangehöriger war. An die Geschichte der Untersuchung, mit der alle seine Unannehmlichkeiten anfingen, mußte ich denken, als von den Milizagenten die Rede war.

Semzow war 1980 zur Smolensker Miliz gekommen. Das war für die Miliz eine schwere Zeit, denn die Stadt war in Panik: Hier wütete ein Sexualtäter. Seit 1979 nahmen die Fälle von Vergewaltigung und Mord kein Ende. Als Semzow die Kriminalmiliz übernahm, gab es schon mehrere Opfer. Semzow bezog viele Mitarbeiter in die Arbeit ein, darunter auch schöne Frauen, die die Rolle von «Lockvögeln» spielten. Diese Methode hatte Erfolg, und der Verbrecher wurde gefaßt, als er eine der Mitarbeiterinnen der Miliz überfallen wollte. Es war ein gewisser Storoschenko, viermal vorbestraft. Doch zur Verwunderung aller an seiner Festnahme Beteiligten (auch Semzows) wurde Storoschenko bald wieder auf freien Fuß gesetzt. Semzow und seine Kollegen dagegen wurden einer nach dem anderen aus der Miliz entlassen oder degradiert und versetzt.

Die Vergewaltigungen und Morde gingen weiter, und erst nach einem weiteren (dem vierzehnten!) Mordversuch wurde Storoschenko erneut festgenommen und diesmal verurteilt.

Ich will nicht weiter auf die ungerechte Behandlung Semzows eingehen und auf die Tatsache, daß neue Tragödien nicht verhindert, neue Opfer des Gewalttäters nicht geschützt wurden. Mir geht es um etwas anderes. Storoschenko war nicht nur ein Gewalttäter und Mörder. Er war Agent der Miliz und als solcher beteiligt an seiner eigenen Verfolgung. Er war bei mehreren Tatortbesichtigungen als eine Art Detektiv zugegen, am Ort seiner eigenen Verbrechen.

Wie ich herausfand (für die Einwohner von Smolensk, für die Opfer und Zeugen der über zwanzig schrecklichen Verbrechen ist das noch immer ein Geheimnis), wurde Storoschenko schon im Lager, wo er wegen Vergewaltigung saß, von der Miliz angeworben. Als er rauskam, leistete er für Geld weiter Spitzeldienste. Aber wie wir gesehen haben, ließ er dabei von seiner «Leidenschaft» nicht ab. Der Geheimagent der Miliz terrorisierte mehrere Jahre lang die Stadt und bezog gleichzeitig für seine «Dienste» für die Miliz (welche, weiß ich nicht) Geld aus dem Fonds nach dem geheimen Paragraphen 9. Es ist absurd.

Ich bin davon überzeugt, daß hohe Professionalität in der Arbeit der Miliz ohne eine hohe Moral nicht möglich ist. Fehlt diese Grundlage, so führt das nicht nur zu minderer professioneller Qualität der Mitarbeiter, sondern zu ihrer Pervertierung. Sie werden zu Verbrechern. Wie in Chabarowsk.

Und nicht nur dort! Die Presse berichtete von einer ganzen Reihe von Verbrechen, die zum Beispiel von Mitarbeitern der Miliz in Kasachstan begangen wurden: Drogen, Folterung von Untersuchungshäftlingen, Mord, Raub, Schmiergelder... In Kasachstan wurden allein 1989 1200 Milizbeamte aus dem Dienst entlassen, darunter Offiziere, Leiter ganzer Diensteinheiten und Abteilungen.

Der Autor des Briefes an die *Iswestija* hat recht – Verbrechen der Miliz sind keine Einzelfälle. Das ist ein System.

Eine der schwersten Folgen dieses Systems ist, daß sich

Kriecher und Korrupte dort wohl fühlen können. Menschen aber, die für die Ermittlungs- und Untersuchungsarbeit geboren sind, müssen die Miliz oft verlassen. Für immer.

Wie ist dieses System entstanden, wer hat seine Entstehung gefördert, und wann ist das geschehen?

Mord, die Opfer und die Motive

Es geschah im Januar 1991 in Kaluga. Der Chefredakteur der Gebietszeitung *Snamja* Iwan Fomin ging nach dem Mittagessen wie gewöhnlich hinauf in sein Büro im 2. Stock des Redaktionsgebäudes. Die Sekretärin saß nicht im Vorzimmer, die anderen Mitabeiter waren ebenfalls beim Essen, nur einige Leute standen wie immer vor den Türen der Anzeigenabteilung. Niemand beachtete den unauffälligen hageren Mann in blauer Jacke, der, mit einer Tasche in der Hand, auf das Büro des Chefredakteurs zuging.

Der Mann trat ein, zog wortlos einen 16er Jagdstutzen unter der Jacke hervor und schoß einige Male aus nächster Nähe auf Fomin. Der Bildberichterstatter der Zeitung, Gennadi Golowkow, hatte die Schüsse gehört und kam hereingestürzt. Er versuchte, den Mörder aufzuhalten. Zwei Schüsse in die Leistengegend stoppten ihn. Stark blutend schaffte es Golowkow hinunter in den 1. Stock und löste das Alarmsignal aus.

Der Mörder war inzwischen bereits verschwunden. Doch einige Zeit später tauchte er in einem Kalugaer Betrieb wieder auf, wo er mal als Zimmermann gearbeitet hatte. Er suchte seinen damaligen Vorgesetzten. Als er ihn nicht fand, eröffnete er das Feuer auf einen Gewerkschaftler und verletzte ihn.

Zu der Zeit waren bereits über Funk eine Beschreibung des Täters und eine Warnung durchgegeben worden: Man sollte keinesfalls auf eigene Faust versuchen, den Mörder festzuhalten, und sich ihm nicht nähern. Auf das Signal hin waren Miliz und Staatsschutz in erhöhte Alarmbereitschaft versetzt und die Wachen in den staatlichen und öffentlichen Gebäuden verstärkt worden.

Doch bald klingelte bei der Miliz das Telefon: «Macht nicht soviel Wind, ich komme von allein.» Und so geschah es – der Täter stellte sich.

Der Mörder war ein gewisser Woronzow, 1945 in Moskau geboren, dreimal verurteilt (zweimal wegen Raubüberfalls, einmal wegen Körperverletzung). Er lebte in Kaluga, weil ihm der Weg nach Moskau nach Verbüßung der Haftstrafe versperrt war. Der Zimmermann Woronzow hatte von verschiedenen Ehefrauen fünf Kinder, seine sechste Frau war schwanger. Bei Woronzow wurde ein Notizbuch sichergestellt mit den Namen der Leiter von Organisationen, für die er gearbeitet hatte. Es handelte sich um Partei- und Staatsfunktionäre, an denen er sich rächen wollte. In der Voruntersuchung erklärte er, daß er die Kommunisten haßte. Er verhehlte die terroristische Absicht hinter den Morden und Mordversuchen nicht.

Warum hatte er ausgerechnet mit dem Chefredakteur der Zeitung angefangen? «Eben deshalb», erklärte Woronzow, «weil ich weiß, was es heißt, für die Partei zu schreiben.» Als konkreten Anlaß für seine Tat nannte er Fomins Artikel «Unter der Flagge des Pluralismus», in dem der Chefredakteur die demokratisch gesinnten Deputierten kritisierte…

Einige Monate nach der Verhaftung kam Woronzows Fall

vor Gericht. Angesichts der Schwere der begangenen Verbrechen und der früheren Verurteilungen wurde der Mörder zur Höchststrafe verurteilt – zum Tod durch Erschießen.

Jedes Jahr steigt die Mordrate in der UdSSR (der heutigen GUS). 1990 wurden 24 875 Menschen getötet, das sind 15,9 Prozent mehr als 1989. 1991 fielen mehr als 25 000 Menschen Mördern zum Opfer. Allein in Rußland wurden 16 235 Morde begangen, das sind 4 Prozent mehr als im Vorjahr.

25 000 Menschen – das entspricht der Bevölkerung einer Kleinstadt. Furchtbar sich vorzustellen, daß jedes Jahr eine ganze Stadt in einen Friedhof verwandelt wird.

Trotzdem stellen wir die Frage: Werden viele oder wenige Morde in unserem Land begangen? Diese Frage allein hat schon etwas Lästerliches. Denn schon ein Menschenleben, das gewaltsam endet, ist viel! Doch selbst wenn man versucht, den Kern der Sache außer acht zu lassen und nur mit trockenen Zahlen zu operieren (sie der Bevölkerungszahl des Landes gegenüberzustellen oder sie mit der Zahl der Opfer von Gewaltverbrechen beispielsweise in den USA zu vergleichen), sind die Ergebnisse wenig erfreulich. Denn das wichtigste, was zur Vorsicht mahnt, ist die gleichbleibend hohe, von Jahr zu Jahr unveränderte Zunahme an Verbrechen. Und wenn man sich die Verbrechensstatistiken der einzelnen Republiken der ehemaligen Sowjetunion, die heute unabhängige Staaten sind, ansieht, wird deutlich, daß die Zahlen einfach erschreckend sind.

1991 betrug die Zuwachsrate für Kapitalverbrechen (Mord, Vergewaltigung) in Armenien 95,9 Prozent, in Kirgisien 58,4 Prozent, in Tadschikistan 34,3 Prozent, in Litauen 22 Prozent. Wie es zu diesen wahrhaft rasanten Zuwachsraten gerade in diesen Regionen kommt, davon später. Zunächst versuche ich zu erklären, worin die Besonderheit der Morde, die in unserem Land im Lauf der letzten Jahre begangen wurden, besteht. Zum Vergleich noch zwei weitere Zahlen: 1988 wurde in der UdSSR 16 702 Morde begangen, die Zuwachsrate betrug 14 Prozent, 1989 waren es 21 467 Morde, das ist eine Steigerung von 28,5 Prozent.

Und hier das Bild eines für Ende der achtziger / Anfang der neunziger Jahre typischen Mordes:

Ort der Handlung ist Moskau. Der Körper eines fünfunddreißigjährigen Mannes wird vom Grund des wasserarmen Flüßchens Chimka geborgen, das zwischen den Häusern eines der Wohnbezirke der Hauptstadt hindurchfließt. Es war der 24. Februar 1991. An dem an Händen und Füßen gefesselten Körper hing ein schweres Gewicht. Die gerichtsmedizinische Untersuchung ergab, daß der Tod etwa zwei Wochen vorher eingetreten war.

Die Ermittlungen in diesem für die heutige Zeit so durchschnittlichen Fall ergaben die Identität des Ermordeten. Es war ein gewisser Popow. 1988 beschloß Popow, seine Kräfte im gerade einsetzenden Handelsgeschäft auszuprobieren. Bis dahin erschöpfte sich seine Lebenserfahrung in ungelernter Arbeit in einer Fabrik und auf einem Bahnhof. Offensichtlich hatten der Mangel an beruflicher Qualifikation und an besonderen Lebenszielen und gleichzeitig der Wunsch, so schnell und mühelos wie möglich so viel Geld wie möglich zu verdienen, Popow in genau die Kooperativen geführt, wo für die Arbeit weder Kenntnisse noch Gewissenhaftigkeit verlangt wurden. Der Handel in unserem Land ist noch jung und leidet bis heute an einer «Kinderkrankheit», die folgendes Symptom hat: ein möglichst fettes Stück abreißen und schnell davonlaufen.

Es ist ja bekannt: Leicht erbeutetes Geld zwingt einen

dazu, immer wieder neue Möglichkeiten des ebenso leichten Beutemachens zu suchen. Popow tat sich dabei mit «Kollegen» aus der Kooperative zusammen, und gemeinsam unternahmen sie bereits rein finanzielle Gaunereien: Unter dem Deckmantel verschiedener Kooperativen nahmen sie bei Banken bedeutende Darlehen auf, für die sie mit gefälschten Belegen bürgten. Dieses Business hatten sie schon breit aufgezogen, als Popows Freunde befanden, daß ihr Kumpel einen zu großen Anteil an der Beute beanspruchte!

Auch das ist hinlänglich bekannt: Je mehr Geld auf verbrecherische Weise erbeutet wird, desto geringer zählt das Leben der Gemeinen unter den Räubern. Kurz, Popows Schicksal war besiegelt, sein Todesurteil wurde vollstreckt.

Jedoch beschlossen die Finanziers, sich mit einem Schwerverbrechen nicht zu besudeln; sie heuerten zwei Deserteure an. Diese waren von der Armee weggelaufen und untergetaucht und brauchten daher dringend Geld. Für diese Arbeit bot man ihnen 20 000 Rubel an – das war 1991 noch eine große Summe.

Am 8. Februar zechte Popow mit seinen Kumpanen in einem Restaurant und leerte ein Glas nach dem anderen auf seine Gesundheit, ohne zu ahnen, daß er in Wirklichkeit auf sein Seelenheil trank. Sie fuhren den Betrunkenen mit einem Taxi zum Ufer des Flüßchens Chimka, auf dessen Grund, so hatte es ihm das Schicksal bestimmt, sein Leben enden sollte...

In der letzten Zeit sind die Juristen zu folgendem Schluß gekommen: Während früher fast die Hälfte der Morde aus sozialen Gründen begangen wurde und in der Regel nicht vorher geplant waren, so ist Habgier heute das am weitesten verbreitete Motiv für den Anschlag auf das Leben eines Bürgers. Bei der Hälfte der Fälle handelt es sich um vorsätzliche Morde, das heißt, sie waren im voraus geplant. Mord ohne

Vorsatz machte 1990 (es gab 7668 Fälle) ein Drittel der Gesamtzahl aus, in früheren Jahren dagegen in der Regel die Hälfte.

Neu in unserer Kriminalgeschichte ist, daß das Anheuern von Mördern alltäglich wurde; früher war das bei uns eine exotische Erscheinung. Die häufigsten Auftraggeber von gedungenen Mördern sind Geschäftsleute aus der Schattenwirtschaft und verbrecherischen Geschäftskreisen.

Laut Angaben der Hauptabteilung der Kriminalbehörde des Innenministeriums wurden im ganzen Land jährlich etwa 150 bestellte Morde begangen. 1991 ist diese Ziffer, nach inoffiziellen Angaben, um das Dreifache gestiegen!

In der Regel sind gedungene Mörder jung, zwischen 20 und 30 Jahre alt. Erfahrene Rückfalltäter wechseln nur ungern auf den «Todesstrafenparagraphen» über, ein junger Mann aber läßt sich viel leichter mit den Versprechungen einer großen Summe Geldes und eines hundertprozentigen Alibis kaufen. Gewöhnlich werden die Vollstrecker hinterher betrogen.

Ein «bestellter» Mord wird üblicherweise mit einer Schußwaffe begangen, seltener werden finnische Messer und Beile gebraucht, noch seltener Sprengsätze. Es gibt außerdem noch lokale «Bräuche» – so werden beispielsweise in Mittelasien die Körper der Ermordeten häufig in Säcke eingenäht und ins Wasser geworfen.

Die Prognose der Spezialisten für die Entwicklung dieser Art von Verbrechen ist wenig erfreulich: Das Motiv der Habgier, immer häufiger anzutreffen, ist unmittelbar verbunden mit der wirtschaftlichen Krise, die das Land durchmacht. Und ein Ausweg aus dieser Krise ist allem Anschein nach noch fern.

In letzter Zeit passiert es immer häufiger, daß die Anführer verschiedener Banden miteinander abrechnen: Schußwechsel zwischen den bewaffneten Mitgliedern von Gruppen, die die Einflußgebiete in den großen Handelszentren des Landes unter sich aufteilen, gehören bald zu unserem Alltag. Es gibt Vermutungen, daß es allein in Moskau bis zu acht solcher krimineller Formationen gibt, bei denen es sich um sehr große Gruppen handelt: die Ljuberezkaja, die Solnzewskaja, die Tschetschenskaja und andere Gruppen. Die Aufteilung der Hauptstadt in Einflußgebiete ist eine gerade für die letzten Jahre typische Erscheinung, die natürlich nicht ohne Blutvergießen abgeht. Den Angaben der Moskauer Miliz zufolge geht jedes dritte 1990 begangene Verbrechen auf das Konto dieser Banden, wobei 74 Prozent der Verbrecher unter 25 waren.

Eine der mächtigsten Gruppen in der Verbrecherwelt ist die Ljuberezkaja. 1990 wurden wegen Mord, Raub, Raubüberfall und Erpressung 65 Mitglieder dieses Clans verhaftet, darunter 7 Anführer, und eine Vielzahl von Waffen beschlagnahmt: Pistolen, Stutzen, Granaten, aus dem Ausland stammende Funkgeräte. Übrigens ist die Ausrüstung solcher Banden häufig weitaus besser als die der Miliz.

Doch die Öffentlichkeit ist weniger über die Ereignisse in der Unterwelt beunruhigt als vielmehr über die für uns ungewohnten Morde und Mordversuche mit politischen Motiven. Diesen Verbrechen fallen Deputierte, Mitglieder verschiedener Parteien, Geistliche und Führer der Arbeiterbewegung zum Opfer. Zwar waren von den 1990 begangenen 25000 Morden nicht mehr als zwei bis drei Dutzend politischer Natur, nichtsdestoweniger haben sie jedoch die Gemüter am heftigsten erregt. Da ich die Besonderheiten der sowjetischen Mafia schon seit Jahren untersuche, kann ich mit Gewißheit sagen, daß das alte Machtsystem, korrumpiert und auf staatlicher Ebene mit der Verbrecherwelt verwachsen, vor politischen Morden nicht zurückschreckt, um sich die Reste seiner alten Macht zu erhalten.

Unsere Zeitungen schreiben auch immer häufiger von Morden ganz anderer Art – es geht um die Morde aus nationalen Motiven. Opfer dieser schrecklichen und sinnlosen Verbrechen sind Frauen, Alte und Kinder – sie sterben nur, weil sie als Armenier, Aserbaidschaner oder Osseten geboren wurden. Das Blut, das in Gebieten mit Nationalitätskonflikten vergossen wurde, ist einer der Gründe für die rapiden Zuwachsraten in den Kriminalstatistiken einiger ehemaliger Republiken: In Kirgisien wurden 1990 107,2 Prozent mehr Morde begangen als 1989, in Aserbaidschan stieg die Mordrate um 42,6 Prozent, in Armenien um 82,9 Prozent. In Berg-Karabach, wo ein echter Bürgerkrieg wütet, geht die Zahl der Getöteten jetzt schon in die Tausende.

Dieselben Republiken sind die unbestrittenen Spitzenreiter auch in einer anderen Art von Verbrechen: im Stehlen von Waffen und Munition. Von Jahr zu Jahr wächst die Zahl der Überfälle auf Gebäude, in denen Waffen gelagert werden – Zweigstellen der Miliz und Armeelager. Mit Waffen wird überall im Land gehandelt, und eine große Menge an Waffen gelangt in Kampfgebiete – in den Kaukasus. Die Verbreitung der Waffen, darunter nicht nur Maschinenpistolen, sondern auch Maschinengewehre, Raketenanlagen und Schützenpanzerwagen etc., verheißt für die Zukunft nichts anderes als die Verschlimmerung des Blutvergießens.

Hier ist eine kleine Abschweifung zur Frage der Waffen angebracht, die das Land überschwemmen.

Bis in die jüngste Vergangenheit schuf die (ehemalige) UdSSR auf dem internationalen Markt ein Problem mit Waffen: Nach den Angaben ausländischer Experten nahm sie im Waffenhandel beständig den ersten Platz in der Welt ein, allein 1989 wurden für 11,65 Milliarden Dollar Waffen verkauft. Mit der Zeit verlagerte sich dieses Problem auf den Binnenmarkt: In letzter Zeit ist der Verkauf automatischer Waffen an Bürger drastisch gestiegen.

Obwohl meine Landsleute, was die Bewaffnung angeht, beispielsweise hinter den Amerikanern weit zurückstehen (einigen Angaben zufolge besitzen die Bürger der USA zwischen 150 und 200 Millionen Schußwaffen, darunter 60 bis 70 Millionen Revolver und Pistolen), dafür aber haben wir alle beträchtlich überflügelt, was den Grad der Unkontrolliertheit betrifft, in dem die Verbreitung der Waffen vor sich geht. Insbesondere mit dem Augenblick des Zerfalls der UdSSR geriet der Waffenmarkt praktisch außer Kontrolle. Und das ungeachtet der Tatsache, daß alles, was mit Waffen zu tun hat, strafbar ist: der Besitz, das Tragen, die Fertigung von Waffen usw. Auf all das steht nach unserem Strafgesetzbuch 5 Jahre Haft.

Zu Beginn der neunziger Jahre verschärfte sich das Problem so sehr (in erster Linie hing das natürlich damit zusammen, daß die Nationalitätenkonflikte ihren Höhepunkt erreichten), daß der Präsident der UdSSR eingreifen mußte. Am 25. Juli 1990 verabschiedete er den Erlaß «Über das Verbot der Gründung bewaffneter Formationen, die nicht von der Gesetzgebung der UdSSR vorgesehen sind, sowie über die Beschlagnahme von Waffen in Fällen ihres unrechtmäßigen Besitzes». Für die Durchführung dieses Erlasses wurden 15 Tage angesetzt, die Kontrolle wurde dem Verteidigungs- und dem Innenministerium übertragen sowie dem in aller Welt bekannten KGB.

Seitdem ist nicht gerade wenig Zeit vergangen, doch der

Erlaß ist immer noch nicht durchgesetzt: die Bevölkerung ist im Besitz von immer mehr und mehr Waffen. Sie kommen aus den verschiedensten Quellen. Hier ist eine davon.

...Alles begann mit einem anonymen Anruf bei der Miliz. Der Anrufer sprach lange und erregt über die Mafia. Aus dem gesamten Monolog ließen sich zwei Fakten herausfiltern: Erstens gab es ein privates Unternehmen, das Zubehör herstellte. Zweitens produzierte es jedoch in Wirklichkeit Pistolen. Auf Fragen wollte der Unbekannte nicht antworten und legte auf.

Man ging der Sache nach: Alle möglichen Kooperativen und Unternehmen im Umkeis wurden durchsucht, Zulieferer und Ausrüster überprüft – denn die Produktion von Waffen erfordert einen besonderen Standort. Gleichzeitig wurden die Angestellten der Unternehmen überprüft. Bald stellte sich heraus, daß in einer kleinen Kooperative namens «Woschod», wo tatsächlich Plastikzubehör hergestellt wurde, viele Vorbestrafte beschäftigt waren. Besonders ein Schlosser zog die Aufmerksamkeit auf sich – er bezeichnete sich als hochklassigen Spezialisten. Doch was die Ermittler besonders auf ihn aufmerksam machte, war, daß der Schlosser bereits zweimal wegen Fertigung von Waffen verurteilt worden war.

Als Resultat dieser komplizierten Aktion der Miliz wurde das Unternehmen geschlossen. Innerhalb von 2 Wochen wurden 21 Schußwaffen beschlagnahmt. Das ist natürlich nicht sonderlich viel im Vergleich zu der Menge an Waffen, die im Besitz der Bevölkerung sind. Diese Schußwaffen aber waren für die Hände der Verbrecherwelt bestimmt. So auch geschehen in einer Fabrik in Samara.

Eine Gruppe von Arbeitern einer Autofabrik hatte die Fertigung von Waffen in Gang gebracht. Geleitet wurde diese

Untergrundproduktion von Filtschenkow, der wegen ungesetzlicher Waffenproduktion bereits vorbestraft war. Er zog junge Leute in das kriminelle Geschäft hinein, und sie konnten immerhin einige Dutzend Pistolen fertigen. Mit Hilfe der von ihnen gebauten Waffen wurden 13 Verbrechen begangen.

Hier noch einige Zahlen. Für den 1. Februar 1991 fanden sich bei einer offiziellen Untersuchung des Innenministeriums der UdSSR 12 660 Einheiten gezogener Waffen. Doch nach Meinung einiger Kriminalisten gibt es auf dem Schwarzmarkt mindestens zehnmal mehr Waffen. 1991 konnte man einen selbstgefertigten Revolver für 1500 Rubel kaufen (zum Jahr 1992 stiegen die Preise analog zur Inflationsrate), eine «Makarow»-Pistole Marke Eigenbau kostete 2000 Rubel, ein glattrohriger Stutzen Kaliber 20 – 2000 Rubel, eine fabrikneue Makarow-Pistole 2500 Rubel, eine Stetschkin-Pistole 3500, ein Karabiner SKS 10 000, eine Kalaschnikow 20 000 Rubel. Ein Maschinengewehr – je nach Modifizierung – wurde auf 35 000 bis 50 000 Rubel geschätzt, eine Experimentierwaffe, die noch nicht zur Armeebewaffnung gehört, kostete 74 000, eine Granate Marke «Limonka» 100, Patronen zwischen 5 und 10 Rubel pro Stück. Zum Vergleich: Sportschuhe konnte man für 1200 Rubel bekommen. Waffen ließen sich aber auch sehr viel billiger beschaffen – es gab 50 Prozent Rabatt auf «heiße» Waffen, Waffen, die schon einmal «in Aktion» gewesen waren.

Die «harmloseste» Waffe sickert über die Grenzen: 1990 wurden von Zöllnern in Brest, Grodno, Pulkowo, Tschop, Odessa und anderen Grenzstädten bei Einreisenden beschlagnahmt: 400 Gaspistolen, mehr als 600 Stück Munition und dazu 4500 Gassprayflaschen. Am häufigsten allerdings werden diese Waffen, die zur Verteidigung bestimmt sind, dazu benutzt, Verbrechen zu begehen. Rund 80 Prozent der Raubüberfälle werden heute mit solchen Waffen begangen.

Die Hauptkanäle, über die die Waffen auf den Markt gelangen, sind, wie schon gesagt, die Armee und die Miliz. Erstens: die Waffen werden gestohlen. 1990 wurden 1412 Diebstähle von Waffen, Munition und Sprengstoff registriert. Das sind 47,9 Prozent mehr als im Jahr davor. Am häufigsten verbreitet ist diese Art von Diebstahl in Rußland (788), Armenien (251), in der Ukraine (116), in Kasachstan (44), Georgien (40) und Aserbaidschan (34). Im übrigen sind diese Zahlen schnell überholt: 1991 und Anfang 1992 kam es zu einer bedeutenden Zunahme dieser Fälle, die oft unberücksichtigt bleiben – besonders in den Regionen, in denen es nach wie vor zu bewaffneten Zusammenstößen kommt.

Doch Waffen werden nicht nur gestohlen: Alte Waffen, die zerstört werden müßten, weil ihre Gebrauchszeit offiziell abgelaufen ist, werden nicht vernichtet, sondern weitergegeben. Außerdem gelangen sie nicht selten vom Werk direkt in die Hände der Verbrecher – dann handelt es sich nicht um veraltete, sondern um hochmoderne Waffen, die oft denen überlegen sind, die heute von Armee und Miliz benutzt werden.

In 40 Nachkriegsjahren wurden in unserem Land 40 Millionen Kalaschnikows produziert. Wahrscheinlich ebensoviele Pistolen Marke «TT», «Makarow», «Stetschkin» und Simonow-Karabiner. Ein Großteil davon gehört der Armee, ein Teil wurde ins Ausland verkauft. Doch ein nicht geringer Teil geriet in die Hände von Verbrechern. Vor 40 Jahren wurde die berühmte russische «Trjochlinejka» (ein 7,6 mm-Gewehr) von der Armee ausrangiert, doch in Operativberichten sind immer wieder Straftaten anzutreffen, die mit ihrer Hilfe begangen wurden. Leider vermodern Waffen nicht.

Genau aus diesem Grund werden bis zum heutigen Tag

Waffen benutzt, die auf den Schlachtfeldern des Zweiten Weltkriegs gefunden wurden. Vor kurzem haben drei Personen aus dem Kreis Krasnodarsk auf der Verteidigungslinie der sowjetischen Truppen im Noworossijsker Gebiet 14 Schußwaffen ausgegraben. Sie wurden verhaftet, als sie die Waffen an Bewohner Transkaukasiens verkauften.

In den ersten drei Monaten nur des Jahres 1991 beschlagnahmte die Miliz bei Verbrechern 44 000 Schußwaffen, mehr als 1,2 Millionen Stück Munition und sogar Panzertechnik. Im selben Zeitraum wurden 33 bewaffnete Gruppen liquidiert und aufgelöst.

Die echten Waffenhändler betreiben ihr Gewerbe natürlich nicht auf dem offenen Markt und wühlen auch nicht in Schützengräben, die vom Krieg zurückgeblieben sind. Sie arbeiten da, wo große Waffenpartien verkauft werden, da, wo in die Geschäfte nicht nur Soldaten, sondern auch Offiziere und Beamte von Armee- und Milizbehörden verwickelt sind. Sein größtes Ausmaß erreicht der Waffenhandel in den Republiken, in denen Blut auf echten Schlachtfeldern vergossen wird.

Im übrigen bin ich davon überzeugt, daß die Konflikte zwischen den Republiken und den Nationalitäten nicht so sehr einer juristischen als vielmehr einer sozialpolitischen Analyse unterliegen. Die Verantwortung für das vergossene Blut sollen nicht nur die Pseudo-Kämpfer, die in ihrem nationalistischen Rausch völlig den Verstand verloren haben, sondern auch die republikanischen und zentralen Behörden tragen, die in ihrem politischen Spiel auf die Massenmorde setzen.

Was insbesondere die Schwerverbrechen betrifft, so würde ich folgende Prognose wagen: In der nahen Zukunft werden wir aller Wahrscheinlichkeit nach mitansehen müssen, wie die Zahl der drei beschriebenen Mordarten zunimmt, nämlich des Mordes aus Habgier, politischer Morde und solcher aus nationalen Gründen.

Abgesehen davon würde ich noch ein Milieu hervorheben, in dem eine rasend galoppierende Zunahme von Verbrechen zu erwarten ist: ich meine die Rauschgiftsüchtigen und Rauschgifthändler. 1990 wurden in der Drogenszene 4384 Straftaten begangen, darunter 43 Morde. Unsere Drogenmafia, die im Vergleich zu der kolumbianischen oder amerikanischen noch in den Kinderschuhen steckt, kann sich nur zu bald in eine echte, weitverzweigte Drogenmafia mit internationalen Kontakten entwickeln, in der es eine genaue Verteilung der Rollen und Funktionen geben wird (bzw. schon gibt!): Bewachung, Transport, Vertrieb, Konspiration, Auskundschaftung usw.

40,5 Prozent aller Mörder waren bereits vorbestraft und hatten ihre Haftstrafen in Gefängnissen und Lagern abgesessen. Die Wiederbelebung und das Erstarken krimineller Traditionen, die in der Gesellschaft durch eben diese ehemaligen Häftlinge weitergegeben werden, der Aufstieg der hiesigen Mafia und die Tatsache, daß sie sich immer breiterer Einflußbereiche bemächtigt, belegen, daß auch die Zahl der Mörder sich in nächster Zukunft kaum vermindern wird.

Auch die Regierung tötet Menschen: Ich meine die Todesstrafe, die vom Gesetzgeber für besonders schwere Verbrechen vorgesehen ist. Immerhin hat der Angeklagte nach der Urteilsverkündung sogar das Recht, ein Gnadengesuch einzureichen. Die letzte Entscheidung – Begnadigung oder Ablehnung des Gnadengesuchs – liegt beim Präsidenten. 1990 wurden 445 Angeklagte zu dieser äußersten Strafe verurteilt (davon waren 430 Mörder). Begnadigt wurden 29 Männer. Frauen wurden 1990 nicht zum Tode verurteilt. Die Angaben wurden erstmals seit vielen Jahren bei uns bekanntgegeben.

Abschließend: Morde sind Verbrechen, bei denen die Ermittlungs- und Gerichtsorgane besonders sorgfältig und gewissenhaft arbeiten. Die «Aufklärungsquote», wie es bei den Kriminalisten heißt, ist für diese Art von Verbrechen weit höher als bei anderen. Sie liegt bei 85,6 Prozent (zum Vergleich: die «Aufklärungsquote» für Diebstahl von Staatseigentum liegt bei etwa 35 Prozent, die für Diebstahl von Privateigentum bei weniger als 30 Prozent). Und trotzdem kamen allein im Jahre 1990 3300 Mörder ungestraft davon. Verständlich, daß auch dieser Umstand nicht gerade zu optimistischen Prognosen Anlaß gibt.

Das Bankett des Generals

Wer förderte die Zersetzung des Offizierstabs der Miliz, wer deckte Kriecher, Nichtstuer und Verbrecher? Bei der Miliz gibt es wie bei der Armee nur einen Gott und Richter – den Ranghöchsten: den General. Die Strafsache des Generals Iwanow und seiner Umgebung gewährt nicht nur Einblick in die Lebensverhältnisse eines Generals, sie beleuchtet auch das wohl wichtigste «Gesetz» der Breschnew-Ära, der Zeit der Stagnation.

General Konstantin Dmitrijewitsch Iwanow, 1923 geboren, Mitglied der KPdSU, Kriegsteilnehmer, Träger von fünf Orden und 22 Medaillen und von Regierungsauszeichnungen der sozialistischen Länder, Mitglied des Wolgograder Gebietskomitees der KPdSU, Abgeordneter örtlicher Räte der Volksdeputierten, Jurist mit Hochschulabschluß, leitete sechzehn Jahre lang, bis März 1986, die Verwaltung des Inneren im Gebiet Wolgograd.

Der Prozeß gegen den in diesem Gebiet allmächtigen General und drei seiner Oberste fand Ende 1987 statt.

Das Urteil in dieser Wolgograder Strafsache liest sich wie eine endlose Speisekarte; die Aufzählung dessen, was verzehrt, und vor allem dessen, was getrunken wurde, füllt viele

Seiten. Wodka, Kognak, Sekt... Hochzeiten, Jubiläen, Beerdigungen, Feiertage... Anhand der Akte lassen sich die wichtigsten Ereignisse im Leben des Generals und seiner Familie verfolgen.

«Anfang November 1977 wurden 40 Flaschen Wodka der Marke ‹Russkaja› (zu 4 Rubel 42 Kopeken die Flasche), 10 Flaschen Wodka ‹Pschenitschnaja› (8 Rubel), 35 Flaschen Sekt (5 Rubel 50), 40 Flaschen trockener Wein (3 Rubel) und 100 Flaschen Mineralwasser (40 Kopeken) für die Hochzeit von Iwanows ältester Tochter Larissa in dessen Wohnung und ins Restaurant ‹Wolgograd› gebracht.»

«Im Februar 1978 wurden 30 Flaschen Wodka ‹Russkaja›, 24 Flaschen Sekt und 60 Flaschen Mineralwasser auf Iwanows Dienstdatscha geliefert, wo er seinen 55. Geburtstag feierte.»

«Im Dezember 1983 wurden 60 Flaschen Wodka ‹Russkaja›, 15 Flaschen Sekt und 20 Flaschen Mineralwasser ins Restaurant ‹Aktjor› geliefert, wo die Totenfeier für Iwanows Schwiegermutter stattfand.»

Zwischen diesen Daten des Familienkalenders wurde die private Sauna Iwanows, wo sich seine Freunde zweimal monatlich trafen, mit unzähligen Flaschen versorgt. Und sein Dienstzimmer, wo ebenfalls zweimal monatlich die bei der Stadtobrigkeit beliebten «Männertreffen» stattfanden.

«Von 1976 bis 1983 wurden alljährlich zum Tag der Miliz am 10. November Bankette gegeben. Dazu wurden jedesmal 25 Flaschen Wodka geliefert. Außerdem ließ Iwanow am 1. Mai [dem Tag der Solidarität der Werktätigen] und am 7. November [dem Tag der Oktoberrevolution] Spirituosen auf die Tribünen der Partei- und Staatsobrigkeit bringen. Es standen Busse bereit, in denen aus 25 Flaschen Wodka eingeschenkt und ein Imbiß gereicht wurde.»

Ja, getrunken wurde viel. Doch das ist noch nicht kriminell, obwohl das Trinken nicht zu den Schulterstücken eines Generals paßt. Kriminell ist, daß alles, was getrunken wurde, alles, womit die Gäste in der Sauna, auf der Festtribüne und auf Familienfeiern bewirtet wurden, gestohlen war. Gestohlener Wodka für über 14 000 Rubel wurde getrunken.

Doch halt, nicht alles wurde getrunken. Wodka hat neben dem unmittelbaren Genuß (oder Schaden), den er dem einzelnen bringt, noch eine andere Eigenschaft – er ist ein universelles Äquivalent, eine Art innersowjetische konvertierbare Währung: Gegen ihn wird alles getauscht, für ihn ist alles zu haben, nicht nur die einfachsten Dinge wie Lebensmittel und Gebrauchsgüter, sondern auch Milizränge, Beförderungen und der Schutz der Mächtigen. Diese geheimnisvolle Eigenschaft in einer Flasche durchsichtiger Flüssigkeit war eines der wichtigsten Gesetze der Stagnationsperiode *(period sastoja)*. Nicht von ungefähr wird dieser historische Zeitabschnitt vom Volksmund auch «Trinkperiode» genannt *(period sastolja)*.

Ich erkläre gleich, wie dieses Gesetz wirkte. Doch beginnen wir mit der Frage, woher der General den Wodka nahm.

Alles ist denkbar einfach. In Wolgograd gibt es eine Spirituosenfabrik. Natürlich ist Stehlen nicht schön, und ein Milizgeneral sollte das besser wissen als jeder andere, dafür bekommt er schließlich vom Staat sein Geld (und nicht wenig!). Doch die Versuchung war zu groß. Iwanow ging natürlich nicht selbst in die Abfüllabteilung, er steckte sich die Flaschen nicht eigenhändig in die Aktentasche. Dafür hatte er Oberste, die ihm unterstanden.

Einer von ihnen, Schumilin, leitete den Wachschutz aller Betriebe im Gebiet. Natürlich wurde auch die Spirituosenfabrik bewacht. Und eben diese Bewacher (die darüber wachten, daß nicht gestohlen wurde) übergaben Schumilin, der für die Bewachung zu sorgen hatte, den Wodka. Viel Wodka.

Ein zweiter Oberst, ein gewisser Tjutjunow, half Schumilin. Er leitete eine andere Abteilung der Miliz, nämlich die zur Bekämpfung von Diebstahl sozialistischen Eigentums. Seine Aufgabe wäre es gewesen, die zu stellen, die den Bewachern entgingen und in den Betrieben stahlen. Den beiden Obersten waren viele Männer mit niederen Dienstgrängen unterstellt, die entweder zu bewachen oder sich mit denen zu befassen hatten, die an der Wache vorbei stahlen oder betrogen. Kurzum, es waren genug Leute da, um den General ununterbrochen mit Wodka zu versorgen.

Und mit Imbissen. Denn in Wolgograd gibt es auch ein Fleischkombinat und eine Konditoreifabrik.

Wußte der General etwa nicht, daß Stehlen schlecht ist und vieles Trinken schädlich? Natürlich wußte er das. Doch auch er hatte ja schließlich seine Vorgesetzten. Die wohnten zwar in Moskau, aber sie kamen oft nach Wolgograd. Seit 1976 (dem Jahr, in dem die regelmäßigen Wodkalieferungen in das Büro des Generals begannen) galt die Wolgograder Miliz als «Basismiliz». Das heißt, hier wurden Beratungen, Seminare und Schulungen abgehalten, zu denen die höchsten Chefs aus dem Innenministerium der UdSSR anreisten. Mindestens zweimal jährlich waren sie zu Gast bei Iwanow, dazu kamen noch ausländische Delegationen sowie staatliche und Parteikommissionen. Selbst Delegationen von Journalisten. Es war zu der Zeit üblich, sich seine «Hausjournalisten» zu halten, die – so wie die Oberste den General mit Wodka belieferten – die Medien mit Reportagen und Berichten versorgten, in denen sie die «fröhliche Wirklichkeit», die unüberschaubare Fülle von Erfolgen und Errungenschaften rühmten. Alle diese Gäste mußten doch bei Laune gehalten werden.

Aus den Prozeßakten:

«Iwanow bekennt sich schuldig, daß er Kommissionen empfangen und sie mit Spirituosen und Fleischprodukten bewirtet und beschenkt hat. Dafür mußte er Wodka und Fleisch beschaffen. Das Geschehen beurteilend, bekannte Iwanow, nicht streng genug gegen seine Untergebenen gewesen zu sein und ihre Arbeit nicht genügend kontrolliert zu haben, meinte aber andererseits, sie alle seien Opfer der entstandenen Situation gewesen.

Die ständigen Besuche hochgestellter Gäste aus dem Ministerium erforderten erhöhte Aufmerksamkeit, sprich: Bewirtungen, Geschenke usw. Das war zu belastend für einen Angestellten mit Familie. Einzelne Mitarbeiter begingen Verbrechen, indem sie ihre Möglichkeiten in der Spirituosenfabrik, im Fleischkombinat und anderswo ausnutzten.

Eine vom ehemaligen ersten Stellvertreter des Innenministers der UdSSR, Tschurbanow [Breschnews Schwiegersohn], samt Suite durchgeführte Allunionstagung erforderte eine reiche Bewirtung. Tschurbanow war ständig von verantwortlichen Mitarbeitern des Gebietsparteikomitees und des Stadtexekutivkomitees umgeben, das verursachte zusätzliche Ausgaben.

1979 lud der stellvertretende Innenminister der UdSSR zu einer ähnlichen Beratung; das Gelage dauerte drei Tage.

Solche Beratungen fanden in Wolgograd jährlich zwei- bis dreimal statt, einzelne Gruppen, die kamen, nicht mitgerechnet.»

Außerdem mußten ausländische Gäste empfangen werden. Um eine solche Menge von Menschen zu beköstigen, suchte Iwanow nach allen möglichen «Auswegen».

Von den Mitarbeitern des Betriebsschutzes der Spirituosenfabrik wußte er, daß die Fahrer von verantwortlichen

Funktionären dort jederzeit, auch an Sonn- und Feiertagen, Ware abholten. Außerdem fuhren die Fahrer der Direktion der Spirituosenfabrik, des Fleischkombinats und anderer Betriebe abgezweigte Ware nach einer besonderen «Lieferliste» aus. Aber das war noch nicht alles. Auf Bitten von Funktionären des Partei- und Staatsapparates mußten deren Wohnungen renoviert, Möbel für sie angefertigt, Souvenirs besorgt werden. Diese Bitten kannten keine Grenzen.

Leitende Mitarbeiter des Innenministeriums wurden in Wolgograd in einem Haus am Dynamo-Stadion untergebracht, mit Ausnahme Tschurbanows, der in der Residenz für Ehrengäste wohnte. Für Unterkunft, Frühstück, Mittag und Abendbrot zahlten sie nichts. Abends wurden sie mit dem teuersten Fisch, schwarzem Kaviar und Spirituosen bewirtet.

Iwanow war über Diebstähle in der Spirituosenfabrik im Wert von 124 000 Rubel informiert; er erhielt sehr viele Hinweise auf Fälle von Diebstahl. Doch er unternahm nichts. Im Gegenteil.

Auch der oberste Gott der Ordnungshüter, Minister Schtscholokow, besuchte Wolgograd, nicht nur sein erster Stellvertreter Tschurbanow. Tschurbanow lehnte es nie ab zu trinken, allerdings revanchierte er sich fürstlich dafür. Natürlich auf Staatskosten – der eine wurde außer der Reihe zum Oberst befördert, der andere bekam einen Posten in Moskau.

Das Gesetz des Trinkens wirkte in jenen Jahren zuverlässig. Es war wohl das einzige Gesetz, an das sich die Generale der Miliz und die «Generale» in Handel und Wirtschaft fast immer hielten.

Iwanow war schon so eingefuchst im Ausrichten von Banketts, und so reibungslos funktionierte das Fließband der Spirituosenfabrik, daß er seine Dienste auch dem Ersten Sekretär des Gebietsparteikomitees Kulitschenko anbot und viele seiner Parteigäste versorgte. Bei Wolgafahrten bewirtete er sie mit schwarzem Kaviar und Wodka.

Iwanow wurde vom Gericht zu zehn Jahren Freiheitsentzug verurteilt, drei seiner Oberste zu zwölf, elf und fünf Jahren. Das Urteil wurde am 1. Dezember 1987 verkündet, drei Jahre nachdem der ehemalige Innenminister Schtscholokow sich das Leben genommen hatte. Nach der Berufung des neuen Ministers hatte der General, laut Zeugenaussagen vor Gericht, oft wiederholt: «Eine Zeit ist das – Hauptsache überleben.»

Ich kann nicht behaupten, daß ich besonderes Mitleid mit General Iwanow hätte; Mitleid mit einem Despoten fällt schwer. Es wird erzählt, daß jeden Morgen, den der General immer mit einem Lauf begann, seine Jogging-Strecke von eigens dafür abgestellten Milizangehörigen gefegt wurde. Aber in einem hat der General wohl recht – er und seine Mitarbeiter waren Opfer der entstandenen Atmosphäre.

Diese aber wurde oben bestimmt, wie sich das für ein administratives Kommandosystem gehört. Die Machtzentrale, Moskau, diktierte den Vasallen in der Provinz ihre Bedingungen. In diesem Fall diktierten Minister Schtscholokow und seine engste Umgebung General Iwanow und den anderen Milizchefs in der Provinz ihre Bedingungen.

1989 erschien ein Artikel in der *Prawda*, dem zentralen Presseorgan der Partei. In ihm kamen die Mitarbeiter einer besonderen Organisation zu Wort, die sich Parteikontrollkomitee beim ZK der KPdSU nennt. Ihre Aufgabe ist die Kontrolle über die Einhaltung des Parteistatuts, über die Ethik in der Partei. Seit einer gewissen Zeit hatte diese Organisation jedoch auch reine Ermittlungsfunktionen übernommen.

Ein Parteimitglied konnte in der (ehemaligen) UdSSR

praktisch nicht vor Gericht gestellt werden. Bevor ein Kommunist, vom einfachen Mitglied bis zum Parteichef, auf die Anklagebank kam, wurde er aus der Partei ausgeschlossen. Natürlich führten diese Versuche, die Reihen der Partei blütenrein zu halten, zu Verletzungen eines der wichtigsten juristischen Prinzipien – der Präsumption der Unschuld. An dieser Praxis hat sich bis heute nichts geändert.

Doch bevor jemand aus der Partei ausgeschlossen wird, der noch nicht verurteilt ist, müssen zumindest irgendwelche Beweise für seine Schuld vorliegen. Solche Beweise zu erbringen wurde Aufgabe des Parteikontrollkomitees (PKK) – eine Art Aufklärung innerhalb der Partei.

Folgendes berichteten in der *Prawda* der ehemalige Erste Stellvertretende Vorsitzende des PKK I. Gustow (er ist jetzt in Rente) und sein Mitarbeiter W. Sewastjanow.

Im März 1978 rief Arwid Pelsche, seinerzeit Vorsitzender des PKK, sie zu sich. Pelsche fragte seinen Stellvertreter, ob er von speziellen Scheinen für Privatfahrzeuge wisse, die den Halter berechtigten, die Straßenverkehrsordnung zu verletzen. Gemeint waren nicht die Sonderrechte für Mitarbeiter des Komitees für Staatssicherheit oder der Miliz im Einsatz; es ging um Berechtigungsscheine, die von der Verkehrsmiliz an gewöhnliche Kraftfahrer ausgegeben wurden.

Bald stellte sich heraus, daß dies keine Ausgeburt der Phantasie war – solche Scheine existierten tatsächlich. Sie trugen die Unterschrift des Chefs der Moskauer Verkehrsmiliz General Nosdrjakow. Ein Stück Pappe, wie eine Kreditkarte in Plastik eingeschweißt, machte einen Fahrer für die Miliz unantastbar. Der Besitzer dieser Karte durfte die Verkehrsregeln ungestraft verletzen. Einen solchen Berechtigungsschein fand W. Sewastjanow in der Staatsanwaltschaft der UdSSR; er war einem Verbrecher abgenommen worden, der sich nach einem Bankraub neun Jahre lang (!) vor der Justiz verstecken konnte und noch einige Raubüberfälle verübt hatte. Der in seine Hände gelangte Schein hatte ihm dabei sehr geholfen.

Nachdem Sewastjanow diese Informationen zusammengetragen und erfahren hatte, daß sich die Kartei der Besitzer solcher Scheine bei Nosdrjakow persönlich befand, ging er zu dem General.

Der empfing den Mitarbeiter des PKK nicht eben freundlich und rückte nur widerstrebend die Kartei heraus. Dort waren neunhundert Personen registriert, darunter Direktoren großer Geschäfte, von Sportstadien, Theatern und Kliniken sowie Journalisten. Genug Material, um einen Bericht an das PKK zu schreiben und entsprechende Parteimaßnahmen einzuleiten. Schließlich gab es auch noch Fälle von Bestechung – die Mitarbeiter der Verkehrsmiliz nahmen Schmiergelder für die Ausstellung eines gewöhnlichen Führerscheins. Außerdem wurde die Unfallstatistik für Moskau gefälscht.

Doch der Bericht wurde nicht geschrieben, und es fand keine Sitzung des PKK zu diesem Problem statt. Sewastjanow berichtet, was geschah:

«Am 30. März 1978 um 11.25 Uhr klingelte in meinem Büro das Telefon. ‹Genosse Sewastjanow? Mit Ihnen wird jetzt Leonid Iljitsch Breschnew sprechen.› Ich glaubte das nicht und wollte auflegen, da vernahm ich die bekannte Stimme: ‹Guten Tag, Genosse Sewastjanow! Sie befassen sich da mit der Überprüfung Nosdrjakows, beunruhigen ihn, machen ihn nervös. Lassen Sie ihn in Ruhe, beenden Sie die Überprüfung.›

Nach einem Scherz, einem Telefonstreich, sah das nicht aus. Vor allem – die Stimme! Ich notierte schnell aus dem Gedächtnis das Gespräch und ging zu Gustow.»

Der ging zu Pelsche. Vor allem mußten sie herausfinden, ob

tatsächlich Breschnew persönlich angerufen hatte. Sie zweifelten daran auch deshalb, weil der Anruf über die normale Stadtleitung gekommen war, obwohl es doch für die Gespräche der ersten Personen im Staat eine Sonderleitung gibt. Bald war klar: Ja, Leonid Iljitsch hatte tatsächlich angerufen, eingefädelt hatte das Telefonat Minister Schtscholokow; er hatte die Nummer gewählt und Breschnew den Hörer übergeben. So endeten die Ermittlungen gegen General Nosdrjakow, er wurde ein gutsituierter Rentner.

An dieser Geschichte ist für uns außer den Geheimnissen des Parteilebens noch etwas anderes interessant: das Paar Breschnew – Schtscholokow.

Zum ersten Mann im Staat wurde Breschnew 1964. Nikolai Schtscholokow wurde 1966 zum Innenminister berufen. Es ist kein Geheimnis, daß Schtscholokow seinen hohen Posten Breschnew verdankte; sie waren eng befreundet und kannten sich von der gemeinsamen Arbeit in der Moldauischen SSR. In Moskau zogen sie sogar ins selbe Haus. Die Karriere des beispielhaften Ministers wurde im Laufe seiner Amtszeit ständig von Lobeshymnen in der Presse begleitet, von Dankesbriefen, die Werktätige an ihn richteten, von Filmen und Büchern über den ruhmreichen Weg Schtscholokows, die er alle selbst bestellt hatte. Übrigens, das PKK besaß auch Informationen über einige dunkle Machenschaften Schtscholokows während seiner moldauischen Amtszeit. Aber jetzt ist klar, warum sie nie eine Rolle spielten.

Nach der Geschichte mit General Nosdrjakow begann das Parteikontrollkomitee, dessen Eigenliebe durch den Ausgang der Untersuchung angekratzt war, Material für ein Dossier über den Minister zu sammeln. Als günstig erwies sich dabei der Umstand, daß Juri Andropow, der damals die mächtigste Organisation, das Komitee für Staatssicherheit

(KGB), leitete, eine heftige Abneigung gegen Schtscholokow hatte. Das ist verständlich, war doch Andropow selbst, nach Aussagen von Leuten, die mit ihm zusammengearbeitet haben, ein ehrlicher und anständiger Mensch. Nicht zufällig war darum eine seiner ersten Aktionen auf dem Posten des Generalsekretärs die Absetzung des Innenministers. Zu der Zeit war die Liste der Dienstvergehen des obersten Milizionärs im Lande bereits sehr umfangreich.

Dazu gehörte unter anderem die Aneignung von Antiquitäten, die als Beweismittel in Strafsachen eine Rolle spielten. Der Wert der Sachbeweise aus nur einer einzigen Strafsache (der des Devisenhändlers Hakopjan), die sich der Minister angeeignet hatte, betrug fast 250 000 Rubel. (Die meisten dieser Gegenstände befinden sich jetzt in Museen des Landes.) Auf Kosten des Innenministeriums wurden für den Minister Bilder und seltene Bücher gekauft; der persönliche Masseur Schtscholokows, die Haushälterin seiner Tochter und andere Bedienstete des hohen Beamten wurden fiktiv als Angehörige der Miliz geführt. Zur Versorgung der Familie des Ministers wurde ein Sonderladen eingerichtet, der mit Waren der teuersten ausländischen Firmen beliefert wurde. Auch einige der Datschas des Ministers außerhalb der Stadt wurden mit staatlichen Mitteln gebaut. In nur drei Jahren kaufte Schtscholokow Pelze für über 40 000 Rubel; seine Ausgaben für frische Blumen und Parfums beliefen sich ebenfalls auf Tausende von Rubeln.

Aber die Hauptsache sind natürlich nicht die Wahnsinnsausgaben der Ministerfamilie. Die Hauptsache war der Schutz, den er unzähligen Korrupten und Dieben gewährte, deren Namen in Strafprozessen der achtziger Jahre eine Rolle spielten.

Zwischen Schtscholokows Absetzung und seinem Selbstmord lagen zwei Jahre. In dieser Zeit nahm sich seine Frau das Leben. Hatte sie Reue gequält? Konnte sie vielleicht das Leben einer einfachen Sterblichen ohne Privilegien nicht ertragen? Schtscholokow selbst hielt offenbar eine gewisse Hoffnung vom letzten Schritt ab. Sein wichtigster Widersacher Andropow war ja gestorben, ohne ernsthafte Veränderungen im Land in Gang gesetzt zu haben. Seine Stelle hatte Konstantin Tschernenko eingenommen, ein treuer Breschnew-Anhänger und guter Bekannter Schtscholokows noch aus der moldauischen Zeit. Zudem wurde der ehemalige Minister lange nicht aus der Partei ausgeschlossen. Daraus, das hatte ich schon erwähnt, ließ sich für ihn begründete Hoffnung schöpfen, ohne Prozeß davonzukommen.

Dennoch beging der vierundsiebzigjährige Schtscholokow seine letzte Tat, beglich er seine Rechnung mit dem Leben. Das geschah am 13. Dezember 1984, an dem Tag, als ihm telefonisch mitgeteilt wurde, daß jemand kommen würde, um seine Regierungsauszeichnungen abzuholen. Schtscholokow bestellte die Besucher zu drei Uhr nachmittags. Er wußte, daß sein Spiel verloren war. Er hatte bereits seinen Generalsrang eingebüßt und war eine Woche zuvor, am 7. Dezember, aus der KPdSU ausgeschlossen worden. Im Beschluß des Parteikontrollkomitees beim ZK der KPdSU heißt es: «Wegen grober Verstöße gegen die staatliche und Parteidisziplin, gegen die Prinzipien der Kaderauswahl und der Besetzung von Führungspositionen, wegen Amtsmißbrauchs zum persönlichen Vorteil in seiner Funktion als Innenminister der UdSSR ist das Mitglied der KPdSU Nikolai Anissimowitsch Schtscholokow aus der Partei auszuschließen.» Die Besucher fanden Schtscholokow in Generaluniform vor. Er lag auf dem Boden, den Kopf von einem Jagdgewehr durchschossen.

Das Strafverfahren gegen Schtscholokow wurde eingestellt.

Erst vier Jahre später, im Dezember 1988, ging der Prozeß
für Juri Tschurbanow, den letzten Helden dieses Kapitels, zu
Ende. Wer weiß, vielleicht war Tschurbanow für Schtscholokow das letzte Fädchen, das ihn ans Leben band? Tschurbanow war schließlich nicht nur der Stellvertreter des allmächtigen Ministers, sondern auch der Mann von Breschnews
Tochter Galina. Und bei der quasifeudalen Struktur der
Staatsmacht, die sich in der Sowjetunion herausgebildet
hatte, spielten verwandtschaftliche Beziehungen, die Nähe
zum Thron, fast die entscheidende Rolle. Nicht von ungefähr
stieg der unbekannte Komsomolfunktionär Tschurbanow
binnen weniger Jahre zum General auf, der wichtige Staats-
geschäfte in der Hand hatte.

Warum? Weil er den greisen Generalsekretär bei Tisch
«Papa» nannte.

«Papa» liebte seinen neuen, den dritten, Schwiegersohn
sehr. Aus Publikationen der letzten Jahre ist bekannt, daß
Galina Breschnewa drei Leidenschaften hatte. Sie liebte den
Zirkus, ihr erster Mann war Akrobat (und durch die Heirat
wurde er bald Zirkusdirektor und sogar «Held der sozialistischen Arbeit»). Der zweite war auch vom Zirkus gewesen, ein
Zauberkünstler. Sie liebte Brillanten, das verband sie mit
den Frauen der Familie Schtscholokow. Und schließlich,
sie liebte den Alkohol. Diese Leidenschaft ist ihr wohl nach
allen Skandalen um die Namen Breschnew, Tschurbanow,
Schtscholokow als letzte geblieben.

Die Bekanntschaft und die Ehe mit Juri Tschurbanow fanden Papa Breschnews Segen; mit dem Zirkus war gottlob
endlich Schluß! Einen Vorzug hatte der einstige Komsomolfunktionär und spätere Offizier der Truppen des Innenmini-

steriums Juri Tschurbanow zweifellos – er sah gut aus. Um sein Aussehen war er ständig besorgt, auch als er Jahre später als Angeklagter vor Gericht erschien.

Seine zweite Ehe, diesmal mit der Prinzessin, der ersten Braut des Landes (sie war damals 42 Jahre alt), schloß der sechsunddreißigjährige Tschurbanow im April 1971. Nun begann seine stürmische Karriere. Die Rangleiter überspringend, wurde er Oberst, dann General, Generalleutnant, Generaloberst. Eine Flut von Auszeichnungen ergoß sich über ihn – 19 einheimische Orden und Medaillen (darunter auch Kriegsauszeichnungen!), 26 ausländische. Er wurde Kandidat des ZK der KPdSU, Abgeordneter des Obersten Sowjets der RSFSR. Er besaß Autos, Datschas, bekam unzählige wertvolle Geschenke. Und schließlich Posten; 1977 wurde er Stellvertreter des Innenministers, 1980 Erster Stellvertreter. Es heißt, Breschnew habe, halb im Scherz, halb ernst, Schtscholokow bedeutet, ob es für ihn nicht an der Zeit sei, den Ministersessel für den jungen Generalleutnant frei zu machen.

Im Laufe dieser schwindelerregenden Karriere hatte Juri Tschurbanow eine Entdeckung gemacht, die er, wie Zeugen berichten, häufig anderen mitteilte. Das wichtigste Geheimnis des Erfolgs bestand nach Tschurbanows Ansicht darin, richtig trinken zu können. Zu trinken, ohne betrunken zu werden. So viel wie möglich zu trinken und so lange wie möglich nüchtern zu bleiben.

Mit dieser Entdeckung ausgerüstet, trat Tschurbanow seine zahlreichen Reisen durch das Land an. Schließlich war sein Moskauer Leben kein Zuckerschlecken: Von seiner Frau bekam er ständig vorgehalten, alles, die Autos, die Schulterklappen, den Reichtum, habe er nur ihrem Vater zu verdanken. Er selbst sei eine Null. Dafür war Tschurbanow in der

Provinz König. Fast ein richtiger. Jedenfalls wurde er überall königlich empfangen. Und bewirtet, wie es sich gehört. Und beschenkt. Auch mit Geld.

Wußte er, daß er mit Gestohlenem bewirtet wurde, daß man ihm das Geld nicht einfach so schenkte, sondern als Bestechung, daß Kriminelle von ihm Schutz erwarteten? Das kann ich nicht mit Sicherheit behaupten. Das wichtigste war wohl der Rausch der eigenen Bedeutsamkeit, das Bewußtsein der Macht und die Gewöhnung an ein unbeschwertes, sattes, trunkenes Leben. Und die Präsente – waren sie nicht ausschließlich dazu gedacht, dem sympathischen, gutaussehenden General eine Freude zu machen?

Glaubt man den Erzählungen von Tschurbanows Adjutanten, wurden von überallher Souvenirs, Flaschen und Fruchtkörbe in Tschurbanows Büro geliefert. Von jeder Dienstreise brachte er unzählige Kartons verschiedener Größe mit. In seiner Wohnung und auf seiner Datscha sammelten sich bis zu hundert davon an, sie wurden nicht einmal geöffnet.

Natürlich war nicht der Inhalt der Präsentkartons der Grund für die Einleitung des Strafverfahrens gegen Juri Tschurbanow. Die durch die Ermittlungen gut begründete Anklage lautete, er habe Bestechungsgelder in Höhe von 650 000 Rubel angenommen. Tschurbanow änderte seine Aussagen im Verlauf der Untersuchung ständig, das Spektrum reichte vom umfassenden Geständnis bis zum kategorischen Leugnen. Hier einige Auszüge aus der Strafakte.

24. Januar 1987: «Ich möchte mein Gewissen vor der Partei und dem Staat erleichtern und weiß, daß ich nur durch konkrete Taten meine Anständigkeit beweisen kann.»

25. Januar: In einem Brief an den Generalstaatsanwalt schreibt er, das Geld liege auf der Datscha in Schukowka,

und legt eine Zeichnung bei, wo die Verstecke zu finden seien.

26. Januar: «Meine Aussagen zu Schukowka sind falsch; wo das Geld ist, weiß ich nicht mehr.»

16. Juli: «Dreißigtausend habe ich meiner Frau Galina Breschnewa als Geschenk von Raschidow gegeben [damals Erster Sekretär des ZK der KPdSU in Usbekistan]. Sie hat dafür Schmuck gekauft.»

Am nächsten Tag: «Meine früheren Aussagen waren unüberlegt. Außer meinem Gehalt hat meine Frau kein Geld von mir bekommen.»

23. Juli: «Die Frage nach dem Geld ist sehr kompliziert. Ich habe nicht das Recht, die Familie meines verstorbenen Schwiegervaters oder sein Andenken zu kompromittieren.»

4. Dezember 1987: «Das Geld habe ich Waschkow gegeben, dreihunderttausend Rubel in zwei Ledermappen. Waschkow sagte, er müßte ‹mit jemandem vom Handel etwas abwikkeln›. Und daß er mir das Geld bald wiedergeben würde. Aber nach einem Monat ist Waschkow plötzlich verstorben, das Geld hat er mir nicht wiedergegeben.» (Der erwähnte Waschkow war damals Chef der Handelsabteilung im Innenministerium der UdSSR.)

Von der ursprünglich genannten Summe blieben im Urteil in der Strafsache Tschurbanow – zwölf Jahre Freiheitsentzug – schließlich neunzigtausend Rubel übrig. Das ist auch eine beachtliche Summe, aber eine Bagatelle im Vergleich zu denen, die in diesem langen Prozeß eine Rolle gespielt hatten. Tschurbanow saß schließlich nicht allein auf der Anklagebank, und es ging um Millionen und Abermillionen. Aber davon später. Zunächst einmal die Zeugenaussage des ehemaligen Vorsitzenden des Ministerrates von Usbekistan Chudaiberdyjew:

«Raschidow und ich empfingen Tschurbanow auf dem Flugplatz wie eine hohe Persönlichkeit, einen besonders wichtigen Funktionär. Im Grunde wie ein Staatsoberhaupt, mit allen Ehrenbezeigungen. Als er auf einer Sitzung des ZK erschien, wurde er mit *standing ovations* begrüßt. Ich selbst wollte ihn gern näher kennenlernen, um einen guten Eindruck auf ihn zu machen. In so einem Fall durfte man nicht kleinlich sein. Ich fand fünfzigtausend Rubel angemessen. Die übergab ich Tschurbanow in seinem Hotelzimmer, zusammen mit einem Kaffeeservice für hundert Rubel.»

Und die Worte eines hohen Parteibosses, der Tschurbanow einen goldbestickten Mantel samt Kappe überreichte, plus dreißigtausend Rubel: «Tschurbanow gehörte zu Breschnews Familie, darum war es wichtig, bei ihm einen guten Eindruck zu hinterlassen. Raschidow persönlich lag sehr viel daran, mit welchen Eindrücken der Schwiegersohn zurückfahren würde.»

Aus dem Plädoyer des Staatsanwalts:

«Wie im Laufe der Verhandlung eindeutig festgestellt, scheute sich Tschurbanow, der zusammen mit Schtscholokow an der Spitze des Innenministeriums der UdSSR stand, nicht, in Ausnutzung seiner Nähe zum Staatsoberhaupt und seiner Macht als Stellvertretender Minister, große Empfänge, Essen und Bewirtungen zu Ehren seiner Person in Anspruch zu nehmen, und er verschmähte auch teure Präsente nicht. Tschurbanow war vom Nimbus des Natschalniks umgeben. Er wurde höher eingestuft als jeder Minister. Er war, wie es früher hieß, ein Vertrauter. Alle seine Handlungen waren nicht so sehr von der Größe seiner Persönlichkeit bestimmt als vielmehr von unermeßlicher Habgier und Machtbesessenheit, Charakterzüge, die von zahlreichen Konjunkturrittern, Kriechern und Speichelleckern weidlich ausgenutzt wurden.

Davon gab es in unserem Land in der Periode der Stagnation nicht wenige, und sie haben, wie wir wissen, nicht schlecht gelebt.

Der Anwalt des Angeklagten versucht uns einzureden, sein Mandant solle für seine verwandtschaftlichen Beziehungen verurteilt werden. Für verwandtschaftliche Beziehungen, wie hoch angebunden sie auch sein mögen, wird niemand strafrechtlich verfolgt. Doch wenn von den Bestechungsgeldern die Rede ist, die Tschurbanow nahm, dann dürfen seine verwandtschaftlichen Beziehungen nicht außer acht gelassen werden. Denn nur ihnen allein und nicht seinen persönlichen Verdiensten ist es zuzuschreiben, daß er so weit nach oben gelangte, Macht ausübte und ihm beinah königliche Ehren erwiesen wurden, obwohl seine Fähigkeiten und sein professionelles Niveau bei weitem nicht dem hohen Posten entsprachen, den er aus der Hand seines lieben Schwiegervaters empfangen hatte. In ungeheuer kurzer Zeit wurde er Generaloberst. Selbst im Krieg, an der Front, wurde niemand so schnell befördert. Auf den Geschmack gekommen, von unermeßlicher Habgier getrieben und von seiner Unantastbarkeit überzeugt, nahm Tschurbanow systematisch hohe Summen an Bestechungsgeldern.»

Aber es geht nicht so sehr um das Geld, sondern vor allem darum, daß Tschurbanow kriminellen Machenschaften sicheren Schutz bot. Hinter seinem Amtsrücken wurden die eigentlichen Millionencoups abgewickelt.

Ein weiterer General, der ehemalige Innenminister Usbekistans Jachjajew, in seiner Aussage:

«Unter Schtscholokow hinderte uns niemand daran, die *normale* Kriminalität zu bekämpfen, aber das Vorgehen gegen Amtsmißbrauch wurde mit allen Mitteln gestoppt. Strafverfahren gegen leitende Mitarbeiter von Partei-, Staats-

und Wirtschaftsorganen störten die harmonische Ruhe, die überall herrschen sollte. Darum wurden die Dienstabteilungen vor Ort angewiesen, sowenig wie möglich Funktionäre zur Verantwortung zu ziehen, nach Möglichkeit alles zu glätten, zu vertuschen und in den Archiven verschwinden zu lassen. Uns wurde sogar der Zugang zu Informationen über kompromittierte Personen aus dem Partei- und Staatsapparat gesperrt, so daß selbst in den Dokumenten alles sauber aussah. Jeder leitende Mitarbeiter aus den Organen des Innenministeriums wird meine Worte bestätigen. Es gab unantastbare Personen, die unter keinen Umständen strafrechtlich verfolgt werden durften. Bei diesen Personen festigte sich das Gefühl der Unantastbarkeit, was zu dem großen Ausmaß der Verbrechen und der Einbeziehung eines immer größeren Personenkreises in Bestechungs-, Diebstahls- und Betrugsaffären führte. Die in den Kreisen entstehenden kriminellen Gruppen gingen kriminelle Verbindungen mit den leitenden Funktionären im Gebiet und später auch auf Republiksebene ein. Alle diese Kräfte schützten sich gegenseitig vor der Entlarvung.»

Juri Tschurbanow saß nicht allein auf der Anklagebank. Neben ihm saßen acht hohe Angestellte des usbekischen Innenministeriums, die zahlreichen Zeugen waren Spitzenfunktionäre von Partei-, Wirtschafts- und Milizorganen dieser großen mittelasiatischen Republik. Tschurbanows Prozeß war ein Teil der «Baumwollaffäre», die dem Land einen Schaden in Höhe von insgesamt schätzungsweise 6 Milliarden Rubel zugefügt hat.

Die Baumwollaffäre

1983 forderte der damalige Generalsekretär des ZK der KPdSU Juri Andropow eine Satellitenaufnahme des gesamten Territoriums von Usbekistan an. Die darauf folgenden Berechnungen ergaben, daß in der Republik niemals eine Fläche bewässert worden sein konnte, die einen jährlichen Ertrag von 6 Millionen Tonnen Baumwolle erbringt. Aber eben diese stattliche Summe rechnete die Republik seit Breschnews und Raschidows Zeiten alljährlich gegenüber dem Staat ab. Es wurde ermittelt, daß insgesamt 4,5 Millionen Tonnen Baumwolle zuviel angegeben worden waren. Der dem Staat dadurch entstandene Schaden belief sich auf die wahrhaft phantastische Summe von 6 Milliarden Rubel!

Die Baumwoll- oder usbekische Affäre war eine der größten Erschütterungen für die sowjetische Gesellschaft.

Natürlich war niemand in unserem Land so naiv, daß er überhaupt nichts von Diebstahl, Korruption und Heuchelei der Behörden ahnte. Doch ihr ganzes Ausmaß wurde erst im Verlauf der Ermittlungen in der Baumwollaffäre deutlich. Paradox ist, daß bis heute kein vollständiges Bild aller unter dem Namen «Baumwollaffäre» zusammengefaßten Verbrechen rekonstruiert werden konnte. Anfangs schien es, als würde sich mit der Zeit, im Laufe der Ermittlungen und der zahlreichen, immer noch nicht abgeschlossenen Gerichtsverfahren dieses vollständige Bild erschließen, das Zehntausende Personen erfaßt; allein die Zahl der Angeklagten beläuft sich auf Tausende. Inzwischen ist klar, daß die Zeit auch eine andere Rolle spielt. Sie hilft nicht nur, die Wahrheit zu finden, sie verwischt sie auch, macht sie unergründlich.

Trotzdem will ich es riskieren, wenigstens einen Teil dessen zu berichten, was ich bis heute weiß.

Der Beginn der Ermittlungen in dieser Sache wird verschieden datiert; entweder mit dem Moment, als einem hochrangigen Milizionär aus Buchara die Annahme von Bestechungsgeld nachgewiesen wurde, oder mit einem anderen Bestechungsgeld (die Rede ist von einer Million Rubel), das Vertreter Usbekistans dem Direktor einer kleinen russischen Fabrik aufdrängen wollten. Wie dem auch sei, das riesige Knäuel «Baumwollaffäre» hatte viele Fäden. Es mußte nur einer gefunden und aufgeräufelt werden. Das aber wurde erst nach dem Tod des Parteibosses der Republik, Scharaf Raschidow, möglich. Er war Usbekistans Zar und Gott.

Im Zuge der Ermittlungen wurden fast alle «ersten» Personen der Republik strafrechtlich belangt: der Vorsitzende des Ministerrates, Raschidows «Parteierbe», Parteichefs auf Republik-, Gebiets- und Kreisebene, Minister, Chefs der Rechtsschutzorgane – die Liste ließe sich fortsetzen. Die Gesamtzahl der Verurteilten und derer, die noch auf ihre Verhandlung warten, kennt noch niemand. Unbekannt ist auch die Anzahl der Strafsachen; die Ermittlungen und Zeugenaussagen ergeben immer neue Spuren, in einigen Fällen dauern die Ermittlungen schon über fünf Jahre. Diese Fälle vermehren sich, splittern sich auf, werden größer... Hier einige Zahlen, die jedoch keineswegs endgültig sind. Aufgrund von Strafverfahren im Zusammenhang mit der Affäre wurden in Usbekistan bisher achtzehntausend Personen aus der Partei ausgeschlossen; es liefen Verfahren gegen dreihundert Angestellte des Innenministeriums und dreißig Mitarbeiter der Staatsanwaltschaft. Gegen sechshundert der viertausend leitenden Funktionäre der Republik wurde ermittelt, acht der sechzehn Ersten Sekretäre der Gebietsparteikomitees wurden verurteilt. Zweieinhalbtausend Personen wurden freigesprochen.

Von der Staatsanwaltschaft wurden schon -zig Millionen Rubel beschlagnahmt. Das Ausmaß der Korruption in der Republik ist allgemein bekannt; ohne Schmiergelder lief praktisch nichts, keine Beförderung, keine Auszeichnung, keine Studienzulassung. Selbst Ärzte nahmen mitunter Geld für Krankenbesuche. Jeder hielt die Hand auf: Raschidow für die Verleihung des goldenen Sterns des «Helden der Sowjetunion», der Hochschullehrer für ein bestandenes Examen, der Richter für einen freigelassenen Verbrecher. Woher stammte dieses Geld, wo war die Quelle der Mittel für wertvolle Präsente und eine echt goldene Büste Breschnews, ein Geschenk der «Werktätigen des sonnigen Usbekistan»?

Die Quelle war die Baumwolle. «Weißes Gold» wurde sie von romantisch gestimmten Journalisten genannt. Eigentlich nicht die Baumwolle selbst, sondern jene 4,5 Millionen Tonnen «weißes Gold», die nur auf dem Papier existierten. Ich will versuchen, das zu erklären.

Das Strafverfahren gegen einen Kolchosvorsitzenden (nennen wir ihn Schakirow) ergab sich aus der Strafsache gegen den Direktor einer Textilfabrik. Diese beiden Fälle sind ganz typisch, ihre Umstände gleichen denen vieler anderer, nicht nur in Usbekistan, sondern in allen Republiken Mittelasiens, in denen Baumwolle angebaut wird.

Die Leitung des Betriebes, der die in den Kolchosen angebaute Baumwolle zur Weiterverarbeitung abnahm, stellte Schakirow Dokumente aus, die bestätigten, daß der Rohstoff geliefert worden war – was in Wirklichkeit nicht stimmte. Die Dokumente bekam der Kolchos natürlich nur gegen Schmiergeld. Laut Ermittlungsakten erhielt die Betriebsleitung von nur einem Kolchos 1982 26 910 Rubel, 1983 67 142 Rubel, 1984 41 254 Rubel. Natürlich nahmen der Kolchosvorsitzende und seine Untergebenen dieses Geld nicht aus ihrer eigenen Tasche. Um die Schmiergelder aufzubringen, waren einige Finanzvergehen erforderlich: Es wurden zum Beispiel Dokumente über angeblich durchgeführte landwirtschaftliche Arbeiten ausgeschrieben oder Unterschriften unter Lohnabrechnungen gefälscht. Mit dem Geld für diese nichterbrachten Leistungen wurden die Chefs der Baumwollfabriken bestochen. Ich betone noch einmal, das wurde in vielen Kolchosen, in Dutzenden Betrieben gemacht.

Wozu? Worin lag der Sinn? Der ergibt sich aus dem Wirtschaftssystem in unserem Land, vor allem aus der Planwirtschaft. Die Planerfüllung ist die wichtigste Tugend jedes leitenden Funktionärs in Wirtschaft und Partei, die Übererfüllung des Plans sind sein Traum und sein Streben. Dafür winken Auszeichnungen, Ehrungen, Beförderungen. Und schließlich auch Geld. Die letzte Instanz, die darüber befindet, ob der Plan erfüllt, nicht erfüllt oder übererfüllt wurde, sitzt in Moskau, weit weg von den Baumwollfeldern. Dorthin gelangt nicht das Produkt, sondern ein Papier, auf dem steht, daß das Produkt existiert.

Das ist in groben Zügen der Mechanismus der Verwandlung des «weißen Goldes» in echtes Gold, in Ämter, Orden,

Medaillen und knisternde Scheine. Natürlich gab es auch noch eine Fülle von Einzelheiten. Eine Vorstellung davon bekommt der Leser in folgenden Auszügen aus der Ermittlungsakte in der Strafsache Schakirow, «Held der sozialistischen Arbeit», Träger dreier Leninorden, des Ordens der Oktoberrevolution und zahlreicher Medaillen, Mitglied des ZK der KP Usbekistans (vier Wahlperioden), Delegierter bei sieben Parteitagen der KP Usbekistans und fünf Parteitagen der KPdSU, Mitglied des Präsidiums des Obersten Sowjets der Usbekischen SSR, verhaftet am 12. Dezember 1985 in Moskau.

«Die Ermittlungen haben ergeben, daß Schakirow, der über dreißig Jahre Kolchosvorsitzender war, in den letzten Jahren das Verantwortungsgefühl verlor, den Staat betrog und seine Macht mißbrauchte.»

«... die Kolchosleitung, vertreten durch den Vorsitzenden, den Hauptbuchhalter, den Kassierer und andere Personen, fälschte jahrelang die Papiere, um eine erfolgreiche Erfüllung und Übererfüllung des Plans für die Produktion und Lieferung von Baumwolle an den Staat vorzutäuschen; es wurde faktisch nicht produzierte Baumwolle abgerechnet. Insgesamt wurden Dokumente über mehr als 771 Tonnen Baumwolle gefälscht, dafür wurden an die Abnehmer in der Baumwollfabrik 137 970 Rubel Bestechungsgeld gezahlt.

Um eine Erhöhung der Hektarerträge im Kolchos vorzutäuschen, wurden mit Schakirows Wissen mit Baumwolle bebaute Flächen jahrelang nicht in der offiziellen Abrechnung aufgeführt.»

Die Ermittlungen in der Baumwollaffäre waren wie bei allen Wirtschaftsverbrechen umfangreich und schwierig. Allein im geschilderten Fall wurden über viertausend Zeugen gehört, vierzig Personen waren der Mittäterschaft verdächtig, es wurden zahlreiche Gutachten und Revisionen angefordert. Neben vielen anderen Zahlen über Diebstahl, Ausgaben und Fälschungen taucht in der Akte auch folgender Satz auf: «Für die Bewirtung von Gästen gab Schakirow jährlich zwanzig- bis dreißigtausend Rubel aus» – das Zehnfache des durchschnittlichen Jahreseinkommens in der Sowjetunion. Das erinnert an die Abenteuer des Generals Iwanow. Ja, das wichtigste «Gesetz» der Stagnationszeit wirkte auch hier.

Insgesamt beläuft sich der durch Unterschlagung und Fälschung in diesem Kolchos entstandene Schaden auf 2 Millionen Rubel.

Sobald Schakirow verhaftet war, begann das von ihm gestohlene Geld zu arbeiten. Es existiert eine Liste von Personen, Parteifunktionäre und Minister, zu denen Boten mit Schmiergeldern geschickt wurden. Ihre Aufgabe: die Untersuchungsrichter zu beschwichtigen und das Strafverfahren einzustellen. Es wurde sogar versucht, einen Arzt zu bestechen. Dem Beschuldigten sollte ein medizinisches Gutachten schreckliche Krankheiten bescheinigen, um ihn so vielleicht der Justiz zu entziehen. Aber es war zu spät. Diese Tatsachen wurden ebenfalls Bestandteil der Strafsache und verschlechterten die Lage des Kolchosleiters nur.

Dieser Mechanismus des Staatsbetrugs und der persönlichen Bereicherung funktionierte viele Jahre reibungslos, immer auf die gleiche Weise, das geht aus zahlreichen Strafakten hervor. Aber die menschlichen Schicksale konnten nicht gleich sein. Die Geschichte des Vorsitzenden, dessen Namen ich verändert habe, veranschaulicht, wie ein lebenserfahrener Mann mit außergewöhnlichen organisatorischen Fähigkeiten in das kriminelle Karussell gerät. Schakirow hatte den rückständigen Kolchos vor dreißig Jahren übernommen und einen blühenden Betrieb daraus gemacht. Unter den vielen Zeitungsausschnitten, die seine Familie aufbewahrt, sind auch ausländische Publikationen, sogar mit dem Bild des erfolgreichen Vorsitzenden. Schakirow, der sich von der allgemeinen Psychose des Diebstahls und Betrugs anstecken ließ, teilte den unredlich erworbenen Gewinn ehrlich mit den Mitgliedern seines Kolchos; ein Brief zu seiner Verteidigung trägt über tausend Unterschriften. Ich will damit den ehemaligen Vorsitzenden keineswegs reinwaschen, sondern unterstreichen, wie sehr das Schicksal der Kolchosmitglieder von der Persönlichkeit ihres neuen Feudalherrn abhängt.

In den mittelasiatischen Republiken ist eine uns bis jetzt noch nicht ganz bewußt gewordene Veränderung des politischen Systems vor sich gegangen. Einerseits herrscht die Allmacht des Staatsplans, dem das ganze Leben des einfachen Bauern unterworfen ist. In seinen Augen ist dieses Idol, der Plan, identisch mit der örtlichen Obrigkeit, egal, ob Kolchosoder Parteiobrigkeit. Sie ist nicht nur mit dem Geheimnis der Entstehung und Erfüllung des Plans vertraut, sie verteilt auch den erzielten Gewinn. Psychologisch werden die Beziehungen zwischen Bauern und Natschalniks natürlich nicht von sozialistischen Idealen bestimmt, sondern von nationalen, faktisch feudalen Traditionen. Absolute Unterordnung, Rechtlosigkeit, brutale Ausbeutung, das alles blühte in den Kischlaks und auf den endlosen Baumwollfeldern, mitunter gepaart mit mittelalterlicher Despotie und Grausamkeit des «Herrn».

Das Strafverfahren gegen einen solchen «Herrn» läuft unter absoluter Geheimhaltung schon fünf Jahre. Es gibt verschiedene Spekulationen darüber, warum es bis heute nicht zur Verhandlung gekommen ist. Aber davon später, zuvor einige Auszüge aus dem gerichtspsychiatrischen Gutachten und anderen Materialien aus der Akte A. Adylows, des ehemaligen Direktors einer Agrar-Industrie-Vereinigung. Auch in dieser Strafsache beträgt der dem Staat entstandene Schaden über 2 Millionen Rubel.

Achmadschan Adylow, geboren 1925, verheiratet, sechs Kinder. Die Aufzählung der Orden und Auszeichnungen spare ich mir, wie bei allen Helden der Baumwollaffäre sind es viele. Auch er war Abgeordneter und Delegierter. Obwohl er auf einem recht bescheidenen Posten saß, hatte er in der Republik viel Macht. Jedenfalls prahlte er oft, er könnte selbst Raschidow stürzen.

Wie herrschte nun der Held und Abgeordnete in Gurumsaraj?

«Adylow wandte oft von ihm eingeführte sogenannte Strafarbeiten an, die, unabhängig von Alter, Arbeitsfähigkeit, Familienstand und Stellung, über Betriebsangehörige oder Einwohner des Kischlaks verhängt wurden. Wer sich etwas hatte zuschulden kommen lassen, mußte zehn bis vierzehn Stunden täglich arbeiten, oft waren es einige hundert diplomierte Fachleute, Lehrer, Maschinenfahrer und andere Einwohner, die gleichzeitig ihre ‹Strafe› verbüßten. Die Dauer bestimmte Adylow selbst, von einigen Monaten bis zu einigen Jahren, mit minimalem Verdienst oder ganz ohne Entlohnung.»

Zu den «Strafarbeiten» gehörten neben den üblichen niederen, aber notwendigen Arbeiten auch völlig sinnlose, zum Beispiel die symbolische Grundsteinlegung einer «Stadt der Zukunft» auf Ödland, der Bau einer Mauer entlang einer Straße, eines Bunkers mit unterirdischen Gängen und Sälen und einem Beobachtungsturm, eines Tunnels, der nirgendwohin führte, die Errichtung eines seltsamen, mausoleumsartigen Gebäudes auf freiem Feld und eines immer leerstehenden Museums zum Ruhm der Arbeit usw. Und natürlich der Bau zahlreicher Datschas.

Diese Strafarbeiten waren ein Symbol. Sie sollten Adylows Macht und Stärke demonstrieren und den Einwohnern ihre völlige Abhängigkeit von ihm verdeutlichen.

Adylow bemerkte mit Genugtuung: «Es herrschte Ordnung, besser als beim Militär. Vielleicht war das gesetzwidrig, daß ich die Leute zur Strafarbeit geschickt habe, aber es war richtig, denn Miliz und Staatsanwaltschaft bestrafen schlecht.»

Zur Festigung der Disziplin wurden Razzien durchgeführt, und alle Festgenommenen wurden zur sogenannten «Verhandlung» gebracht. Sie fand auf dem Platz vor dem Verwaltungsgebäude statt, neben dem Lenindenkmal. Adylow schritt vor der zahlreich versammelten Menschenmenge die Reihen ab. Er fluchte, drohte allen Anwesenden, führte öffentliche Urteilsvollstreckungen durch. Zeugen solcher «Verhandlungen» sagten aus, daß Adylow ausnahmslos jeden auspeitschen ließ, darunter auch eine Mutter mit einem Kind auf dem Arm, die dabei bewußtlos wurde, eine zwölfjährige Schülerin, einen greisen Rentner...

Im April 1984 wurde auf Adylows Anordnung ein Linienbus angehalten. Die Passagiere wurden auf den Platz geführt, wo eine Massenbestrafung begann. Einer der Festgehaltenen sagte aus, seine Frisur habe Adylow nicht gefallen, und dieser habe ihm ein Büschel Haare samt Kopfhaut abgeschnitten. Das gerichtsmedizinische Gutachten bestätigte die Skalpierung.

Schläge, Fußtritte, Auspeitschungen, Verbrennungen mit glühenden Eisenstangen, Kaltwassergüsse im Winter, jemanden entkleidet und gefesselt lange in glühender Hitze oder bei eisiger Kälte stehen lassen – das alles praktizierte Adylow. Wer dabei Verletzungen erlitt, kurierte sie mit Hausmitteln; niemand wagte, sich an einen Arzt zu wenden. Und die Ärzte? Sie fürchteten Adylow und verweigerten ihre Hilfe. «Adylows einzige Leitungsmethode war die Gewalt.» – «Vor ihm hatten alle Angst wie vor einem wilden Tier.»

Wer war dieses Tier aus grauer Vorzeit? Vielleicht war er psychisch krank?

«Wie aus dem gerichtspsychiatrischen Gutachten hervorgeht, litt Adylow während der ihm zur Last gelegten Delikte (1977–1984) nicht an psychischen Erkrankungen, es sind keinerlei Anzeichen für eine zeitweise Beeinträchtigung der Psyche erkennbar, er war in der Lage, seine Handlungen zu beurteilen und sie zu beeinflussen.» So der Befund der psychiatrischen Expertenkommission.

Ich zitiere weiter. Der nüchterne Bericht eines Zeugen ist hier angemessener als die Emotionen eines Journalisten.

Aus der Aussage von S. Batirow, der als Brigadier arbeiten sollte. Als er sich weigerte, wurde er in die Verwaltung gebracht. «Im Büro setzte mir Adylow ein Messer an die Kehle und fragte, warum ich seinen Auftrag nicht erfülle. Dann sagte er, daß er mir den Kopf abschneiden würde, und trat mich mit dem Stiefel.»

Batirow wurde grausam verprügelt (ein Bein war gebrochen) und in den Keller geworfen, wo er etwa einen Monat verbrachte. Nach Hause zurückgekehrt, fand er auf seinem Hof ausgesondertes Vieh aus dem Kolchos vor, das er binnen eines Jahres unentgeltlich herausfüttern sollte. Später wurde Batirow vor Gericht verurteilt, weil ein Teil des ihm aufgezwungenen Viehs eingegangen war. In der ersten Nacht nach der Verhaftung wurde er von Staatsanwalt Abduwachidow verhört. «Er sagte, ich solle nie über Adylow sprechen. Wenn ich verlangte, nach dem Gesetz behandelt zu werden, würde Adylow meiner Familie und meinen Verwandten etwas antun.»

Die Vorsitzende des Dorfsowjets, Achmedowa: «Ich war nur formal Vorsitzende, alles wurde von Adylow entschieden, von Kleinigkeiten bis zu wichtigen Dingen. Allein konnte ich nicht mal eine Hochzeit genehmigen oder eine Bescheinigung ausstellen.»

Die Schuldirektoren durften den Schulabgängern keine Reifezeugnisse aushändigen, weil Adylow es so angeordnet hatte. Wer konnte schon ohne dieses Dokument weg? Die Lehrer mußten unentgeltlich und ohne freie Tage auf dem Feld arbeiten. Schulabgänger, die trotzdem studieren wollten, schickte Adylow zur Strafarbeit in den Stall oder auf den Bau.

Aus Verhörprotokollen: «Adylow war Zar und Gott; alle, selbst die höchsten Funktionäre aus dem Kreis und dem Gebiet, fügten sich seinen Anordnungen.»

Das Zentralgehöft der Agrar-Industrie-Vereinigung von Pap war mit einem Schlagbaum abgesperrt, und ohne Erlaubnis des «Herrn» wurde niemand eingelassen. Der höchste soziale Wert für Adylow war reale Macht, die für ihn bedeutete, unkontrolliert über Menschenschicksale entscheiden zu können.

Beschwerden einer Gruppe von Einwohnern über Adylows Machtmißbrauch, die 1972 an das ZK und das Innenministerium Usbekistans und an das ZK der KPdSU geschickt wurden, hatten eine rigorose Abrechnung mit den Absendern zur Folge. Wie T. Siddikow bezeugt, brannte das Haus eines Beschwerdeführers ab, ein anderer wurde grausam verprügelt und starb bald darauf. Die anderen flohen aus Gurumsaraj. Siddikow selbst wurde für eine fingierte Straftat verurteilt und sein Haus zerstört.

Mehr noch: Eine Kommission des Gebietsparteikomitees wurde aus Gurumsaraj verjagt. Adylow requirierte alle Aufzeichnungen, verbrannte sie demonstrativ und nötigte die Revisoren unter Androhung von Gewalt, den Ort zu verlassen. Der anwesende Sekretär des Kreisparteikomitees bat die anderen, über den Vorfall zu schweigen. Adylow verabschiedete sie mit den Worten: «Geh und sag deinen Partei-Natschalniks, hier ist ein Achmadschan Adylow, der hat uns verjagt und uns geraten, uns nicht in das große Spiel einzumischen.» Auch Mitarbeiter der Staatsanwaltschaft und der Miliz aus dem Gebietszentrum, die in die Buchhaltung des Betriebes Einsicht nehmen wollten, wurden verjagt. Adylow verbot die Durchsuchung und Einziehung der Dokumente. «Wenn die Untersuchung weitergeht», erklärte er, «wird das für euch alle schlimme Folgen haben. Eure Autos könnten in Unfälle geraten, und außerdem ist das Volk jetzt aufgebracht, es könnte einen Aufstand gegen euch anfangen.» Zeugen sagen aus, daß sich bei diesen Worten geräuschvoll eine Menschenmenge genähert habe.

Woher rührt diese Stärke und die Dreistigkeit, das Gesetz und die Amtspersonen, die es vertreten, offen zu mißachten?

Ich zitiere wieder Dokumente. «Das Bild dieses Mannes als Funktionär auf Republiks- und Unionsebene wurde von mehrfarbigen Reklamealben, Faltblättern und Fotos gestützt, die Adylow in Gesellschaft von Berühmtheiten zeigten, mit L. Breschnew, M. Suslow, S. Raschidow, J. Tschurbanow und vielen anderen. Er ließ sich nur mit Leuten fotografieren, die seine Autorität stärken konnten.»

Aus Zeugenaussagen: «Wenn Adylow nervös war, veränderte er sich sehr; das äußerte sich vor allem an seinem Tonfall, er wurde grob, heftig, stieß einzelne Wörter zwischen den Zähnen hervor, spuckte, fuchtelte mit den Armen und lief nervös in seinem Büro auf und ab oder um den Springbrunnen herum. Manchmal brauste er plötzlich auf und beschimpfte jemanden oder schlug ihn sogar mit der Hand oder mit der Peitsche, die immer in seinem Auto lag.»

«Kurz vor seiner Verhaftung wurde Adylow zum erstenmal öffentlich kritisiert, auf einer Plenartagung des Gebietsparteikomitees. Der Erste Sekretär des Parteikreiskomitees, Abdulajew, berichtete, Adylow habe ihn nach dem Plenum angerufen, ihn beleidigt und gewarnt, daß sich im Kreis Tausende zu seiner, Adylows, Verteidigung erheben würden und Blut fließen könnte. Tatsächlich blockierten Unbekannte mit mehreren Autos das Gebäude des Gebietsparteikomitees. Die drinnen saßen, wußten sehr gut, daß Adylow mit jedem von ihnen abrechnen konnte. Sie organisierten den Schutz des Gebäudes und einen Personenschutz für alle, die Adylow bedroht hatte. Auch die Mitarbeiter des Gebietsparteikomitees fürchteten für ihr Leben; einem von ihnen hatte Adylow am Telefon erklärt, er würde ‹das nicht lebend überstehen›.

Wie ernst er solche Drohungen meinte, war jedem klar, der von dem rätselhaften Tod eines ehemaligen Sekretärs eines Kreisparteikomitees und von Abrechnungen mit anderen Personen wußte.»

Schließlich das Gutachten der Psychologen:

«Die Adylow zur Last gelegten Delikte, die mit Gewalt, Grausamkeit und Verletzung der menschlichen Würde gepaart waren, wurden durch solche Besonderheiten seiner Persönlichkeit wie Streben nach unumschränkter Macht, die Überzeugung, etwas Besonderes zu sein, erhöhte Aggressivität und Nichtachtung anderer gefördert.

Die Hauptursachen für das Vorgefallene lagen darin, daß er unkontrolliert und ungestraft handeln konnte, weil er in

einer spezifischen sozialökonomischen Situation in Usbekistan zum korrumpierten Teil der Leitung der Republik gehörte.»

Adylow kam nicht einmal vor Gericht, obwohl der Generalstaatsanwalt der UdSSR, Sucharjow, schon auf dem
Zweiten Kongreß der Volksdeputierten verkündet hatte,
daß der Fall faktisch abgeschlossen sei. Warum kam der
Prozeß nicht zustande? Darüber lassen sich nur Vermutungen anstellen. Eine Version besagt, aus den Ermittlungsakten seien Videokassetten und Filme verschwunden, für die
Adylow eine besondere Schwäche hatte und die, wenn sie in
bestimmte Hände gerieten, eine verhängnisvolle Rolle spielen könnten. Einer anderen Version zufolge sind alle Zeugen
für die Morde, die zur Strafsache Adylow gehören, spurlos
verschwunden. Vielleicht sind beide Versionen falsch. Nur
eines ist sicher: Die Zeit arbeitete für Adylow. Seine Landsleute, von ihrem Lokaldiktator eingeschüchtert, waren immer weniger willens, ihre Zeugenaussagen zu machen; denn
bewies die Verzögerung der Untersuchung nicht, daß die
Macht ihres Tyrannen durchaus nicht gebrochen war, daß er
noch seine mächtigen Beschützer hatte? Wer weiß, vielleicht
würde Adylow in seinen Kischlak zurückkommen, um sich
an denen zu rächen, die es gewagt hatten, gegen ihn auszusagen!

Meine Vermutungen haben sich bestätigt: 1991 wurde of-
fenkundig, daß es im Falle Adylows nicht zum Prozeß kommen würde. Die Akte in der Strafsache Adylow wurde geschlossen und er wieder auf freien Fuß gesetzt. Adylow lebt
wieder in demselben Haus, aus dem er sechs Jahre zuvor als
Beschuldigter abgeführt worden war. Nicht eine der gegen
ihn vorgebrachten Anschuldigungen ist in der sechs lange
Jahre dauernden Untersuchung bewiesen worden.

Mit ihm entgehen auch viele andere der Verurteilung, die die Glieder der Kette dieser gigantischen Baumwollverschwörung gebildet hatten. Nach dem Zerfall der UdSSR hat dieses Verfahren, wenn man so will, keine gerichtliche Zukunft mehr. Für uns wird das nur eine Geschichte bleiben, den «Helden» aber bietet sich dadurch mit großer Wahrscheinlichkeit ein ernstzunehmender Rückhalt für ihre zukünftige Karriere in den jetzt schon unabhängigen Republiken Mittelasiens. In den Jahren, in denen das mythische «weiße Gold» geerntet wurde, sind nicht nur riesige Vermögen angehäuft worden. Wie der Fall Adylows zeigt, ist daraus eine wenn auch eigenartige, so doch mächtige politische Autorität erwachsen.

So rückt die Zeit, die unser Land durchmacht, alles von einem Platz auf den anderen. Eine Zeit, die sich vor unseren Augen so rasant ändert. Noch vor wenigen Jahren hätte schon ein Teil dessen, worüber ich berichtet habe, genügt, um in der Gesellschaft einen Schock und Empörung auszulösen, und das Beweismaterial hätte längst für ein Gerichtsurteil ausgereicht. Jetzt habe ich eher das Gefühl, daß Adylow mich verklagen wird; das Schwarze gibt sich bereits wieder für weiß aus, Beweise, die gestern noch als klar und offensichtlich galten, scheinen heute weniger gewichtig. Die Hauptsache dabei ist aber, daß die Zeugen der Anklage die Aussage verweigern. Die Menschen ziehen es vor zu schweigen. Wie oft habe ich mit Opfern von Ungerechtigkeiten und Kränkungen gesprochen – nur wenige von ihnen sind bereit, zu ihrer eigenen Verteidigung auszusagen, die meisten lassen sich lieber vom Zeitungsreporter verteidigen. Nur keine Namen nennen! Sie haben Angst. Und glauben nicht an den Sieg der Gerechtigkeit. Ich verstehe diese Menschen. Die Situation ist heute derart angespannt, daß nicht mehr nur die Entlassung von der liebgewonnenen Arbeit, der Verlust der Wohnung oder ähnliches droht. Es geht um die Sicherheit. Ums Leben, das eigene und das der Kinder.

Orientalische Despoten

Den ehemaligen Innenminister von Usbekistan Chaidar Jachjajew habe ich bereits erwähnt; er war einer von denen, die zusammen mit Breschnews Schwiegersohn Tschurbanow auf der Anklagebank saßen. Er verließ als einziger der Angeklagten den Gerichtssaal nicht in Begleitung von Wachsoldaten, sondern von Angehörigen. Das Gericht hatte verfügt, ihn aus der Haft zu entlassen und die Untersuchungen in seinem Fall fortzusetzen. Es verbreitete sich die Nachricht, daß der Minister nicht vor Gericht stehen würde.

Darüber berichtete mein Kollege Alexander Borin in der *Literaturnaja gaseta*. Hier eine kurze Zusammenfassung.

Bereits im Verlauf der Untersuchung wurde bekannt, daß Jachjajew sich von allen am einsichtigsten zeigte; er bestätigte alle ihm zur Last gelegten Fälle von Korruption und sagte bereitwillig aus, gegen sich und gegen seine künftigen Nachbarn auf der Anklagebank. Aber sofort nachdem der Fall ans Gericht überwiesen worden war, widerrief er alle seine früheren Aussagen. Korruptionsaffären aber sind bekanntlich schwer zu beweisen. So kam es, daß sein Fall zur Nachbearbeitung an die Untersuchungsbehörde zurücküberwiesen wurde.

Um diese seltsame Wendung des Falles zu erklären, kramte Borin alte Geschichten hervor. Schon 1979 hatte Jachjajew seinen Ministerposten verlassen. Danach war eine Gruppe von Untersuchungsführern der Generalstaatsanwaltschaft aus Moskau angereist, weil die Beschwerden über den ehemaligen Minister nicht mehr unter den Teppich gekehrt werden konnten. Es waren zu viele. Die Ermittlungen ergaben ungeheuerliche Details.

Hier nur einige sein Verhältnis zu Exgeliebten betreffende Episoden aus dem Register der Untaten jenes allmächtigen Ordnungshüters. Wenn er einer Frau überdrüssig geworden war, sah er in ihr einen Feind, gegen den er den Kampf aufnahm. Für die Überwachung und Aufzeichnung der Telefonate einer einzigen Frau wurde eine ganze Abteilung Nachrichtentechnik gebildet, in der neunzehn(!) Personen arbeiteten. Für ihre Beschattung wurden eine Nachbarin (die jeden Monat für die Durchsuchung des Mülleimers 100 Rubel bekam), ein ehemaliger Mitarbeiter des Innenministeriums (120 Rubel Gehalt), die beste Freundin und andere Agenten angeheuert. (Der Leser kennt ja inzwischen den Paragraphen 9. Aus diesen Mitteln wurden die Dienste der Agenten bezahlt, zu denen auch Telefonterror und viele andere Aktionen gehörten. Allein die illegalen Einsätze der Sonderdienste Jachjajews kosteten den Staat 50 000 Rubel.) Der Minister befürchtete, Liebesbriefe und zweifelhafte Fotos könnten gegen ihn verwandt werden. Um sie aus dem Dienstsafe einer Exgeliebten zu entwenden, wurden ein General und mehrere Oberste zu einem nächtlichen Einbruch herangezogen. Nach einer Beratung darüber, wie sie die Frau beseitigen könnten, zogen sie Erkundigungen ein, ob heimlich Giftschlangen in ihre Wohnung gebracht werden könnten. Zum Glück war Winter, keine Saison für Schlangenfänger.

Um eine andere ausrangierte Geliebte von der Bildfläche verschwinden zu lassen, wurde ein ganzes Stück mit vielen falschen Akteuren inszeniert. Am Ende landete sie im Gefängnis, ein halbes Jahr verbrachte sie in einer Einzelzelle und im Karzer.

Um eine dritte zu kompromittieren, wurde ebenfalls eine Spezialistentruppe eingesetzt. Sie sollte die Frau im Bett mit einem ihr untergeschobenen Provokateur fotografieren. Alle Agenten bezahlte der Minister aus der Staatskasse. Das letzte Opfer des leidenschaftlichen Ministers war am schlimmsten dran; mit der Diagnose «Schizophrenie» kam sie ins Irrenhaus, aus dem sie erst nach langer Zeit wieder entlassen wurde.

Die Liebesabenteuer des Ministers machen natürlich nur einen geringen Teil seiner Verbrechen aus. Aber die Ermittlungsergebnisse von 1980 blieben unter Verschluß; auf persönliche Anordnung Raschidows und seiner Moskauer Schutzpatrone mußten die Untersuchungsführer ihre Arbeit einstellen.

Sie ruhte bis kurz nach Raschidows Tod, 1983, als seine Büste auf dem zentralen Platz in Taschkent gegenüber dem Lenindenkmal aufgestellt worden war – und das, «obwohl schon Ende der siebziger, Anfang der achtziger Jahre 21000 Personen wegen Diebstahls verurteilt worden waren, darunter fast 11000 Betriebsleiter und Direktoren. Jetzt erst wurde das wahre Ausmaß der Verbrechen, bei denen die höchsten Ränge der Macht eine führende Rolle gespielt hatten, aufgedeckt. Aus Moskau wurden bis zu dreihundert Untersuchungsführer nach Usbekistan entsandt, es wurden achthundert Strafverfahren gegen fünftausend Personen eingeleitet. Die Untersuchungsorgane stellten 100 Millionen dem Staatshaushalt gestohlene Rubel sicher. Vor Gericht standen nun nicht mehr die Ausführenden, sondern die Organisatoren der Verbrechen.

Im September 1983 nahm die Untersuchungsgruppe unter Leitung von Telman Gdljan und Nikolai Iwanow ihre Arbeit auf, um das Knäuel von Macht und Verbrechen in Usbekistan zu entwirren. Der Gruppe gehörten über zweihundert Untersuchungsführer und Fachleute von KGB, Innenministerium und Generalstaatsanwaltschaft an. Spätestens seit dieser Zeit verkörpern Gdljan und Iwanow in den Augen der Bevölkerung den Kampf gegen die sowjetische Mafia, einen Kampf, der oft in Grauzonen der Legalität geführt wird.

Die langen Jahre der Gesetzlosigkeit bewirkten (das konnte gar nicht anders sein) auch Gesetzesverletzungen durch die Rechtsschutzorgane. Alles bisher Beschriebene bestätigt das. Untersuchungsführer, die ihr Beruf dazu verpflichtet, Gesetzwidrigkeiten auf allen Ebenen der Macht aufzudecken, wurden selbst zu Mittätern. Manchmal selbst jene, die ehrlich die Kriminalität bekämpften – das war die traurige Paradoxie unserer Wirklichkeit. War somit der Kampf gegen Verbrecher von Staatsformat ohne Gesetzesverletzungen überhaupt möglich? Schließlich hatten Gdljan und Iwanow es mit einer mächtigen Armee im wahrsten Sinne des Wortes zu tun ...

Noch ein wichtiger Umstand: Den Untersuchungsführern und den Richtern der Stagnationszeit wird oft vorgeworfen, zu Schuldsprüchen tendiert zu haben. Diese Neigung gab es tatsächlich, viele Unschuldige fielen ihr zum Opfer. Einige davon wurden sogar zum Tode verurteilt. Freisprüche gab es bei unseren Gerichten kaum. Das mußte sich auch auf die Arbeit der Untersuchungsführer auswirken; niemand verlangte von ihnen besondere Gründlichkeit bei der Beweisaufnahme. Anwälte waren häufig nur «schmückendes Beiwerk» im Prozeß und hatten keinen wesentlichen Einfluß auf den Ausgang der Verhandlung. Oft reichte ein Geständnis des Angeklagten für die Verurteilung aus. Dieser Tradition folgten wohl auch die Untersuchungsführer der Gruppe Gdljan. Doch die Zeit hat sich geändert und mit ihr auch das Gericht. Es fordert jetzt stichhaltige Schuldbeweise. Die fehlen häufig in den von Gdljan und seinen Mitarbeitern dem Gericht übergebenen Akten. Doch davon später.

Mit dem ehemaligen Innenminister Jachjajew war folgendes geschehen: Gdljan kannte natürlich die Untersuchungsergebnisse seiner Vorgänger, auch die Geschichten mit den Geliebten. Diese Akten benutzte der Untersuchungsführer, so Jachjajews Aussage, um ihn zu erpressen. Die Bedingung lautete: Wenn du alle Bestechungsgelder zugibst, kommt der Rest nicht vor Gericht. Jachjajew gestand. Er wußte dabei genau, daß dem Gericht seine Aussage allein nicht genügen würde. So war es auch – diese Partie gewann Jachjajew vor Gericht.

Auch die zusätzliche Untersuchung konnte Jachjajews Beteiligung an Bestechungsaffären nicht nachweisen. Und die früheren Delikte, bei denen Menschen erniedrigt und verfolgt wurden oder verschwanden? Die bestritt Jachjajew nicht, aber er konnte dafür nicht vor Gericht gestellt werden, weil er unter die Amnestie für Ordensträger fiel. Obwohl jeder weiß, was diese Orden wert sind, werden wir wohl Jachjajew kaum wieder auf der Anklagebank sehen.

Gdljan und Iwanow wurden durch ihre erste Publikation im *Ogonjok* noch vor Beginn der großen «usbekischen Prozesse» in der ganzen Sowjetunion bekannt. In dem Artikel, der kurz vor der 19. Unionsparteikonferenz im Sommer 1988 erschien, hieß es, unter den Delegierten dieser höchsten Parteizusammenkunft seien vier in Bestechungsaffären verwickelte Personen. Ich erinnere mich noch an die empörten und zornigen Worte, die vom Rednerpult der Konferenz an die Untersuchungsführer und die Zeitschrift gerichtet wurden. Auf dieser Konferenz übergab Vitali Korotitsch, der Chefredakteur von *Ogonjok*, Gorbatschow eine Mappe mit Dokumenten. Es verging einige Zeit, und tatsächlich, gegen mehrere Delegierte liefen Strafverfahren. Darunter auch, und das war ein einzigartiger Vorgang, gegen ein Mitglied des ZK der KPdSU, zu dessen Aufgabengebiet die Betreuung der mittelasiatischen Republiken gehörte. Das war der erste große Sieg der Untersuchungsführer. Die Reaktion der Bevölkerung war einhellig, Gdljan und Iwanow wurden als Kandidaten für den Volkskongreß der UdSSR aufgestellt. Einen Höhepunkt erreichte die Anerkennung, nachdem Iwanow in einer Wahlkampfrede im Leningrader Fernsehen erklärt hatte, in den Ermittlungsakten tauche der Name des Politbüromitgliedes Jegor Ligatschow auf, des zweiten Mannes in der Partei.

In seinem Leningrader Wahlkreis hatte Iwanow mehr als sechs Konkurrenten. Er erhielt bei den Wahlen, wenn ich nicht irre, rund siebzig Prozent der Stimmen; ein überzeugender Sieg. Darin zeigte sich die Unterstützung der Bevölkerung für jeden Versuch, es mit der stärksten Bastion der Macht in der UdSSR aufzunehmen. Es ist bekannt, daß man bei uns, besonders in den letzten Jahren, Politbüromitglieder und sogar die ersten Männer des Staates kritisieren und sie jedes Vergehens beschuldigen kann. Nur – erst postum. Iwanow verstieß am 12. Mai 1989 im Leningrader Fernsehen zum erstenmal gegen diese heilige Regel. Dieses Datum wurde auch zu einem Wendepunkt in der Untersuchung der usbekischen Affäre. Im Mai 1989 begannen viele Zeugen, ihre früheren Aussagen zu widerrufen.

Später wurde bekannt, gegen Ligatschow hatte der ehemalige Erste Sekretär des usbekischen ZK, I. Usmanchodschajew, ausgesagt, der Nachfolger und treue Erbe Raschidows. Er behauptete, Ligatschow zweimal Bestechungsgeld in Höhe von je dreißigtausend Rubel gegeben zu haben. Das erste Mal in Taschkent, wo Ligatschow an einem Plenum des ZK der KP Usbekistans teilnahm, bei dem es um die Gesundung des Klimas in der Republik und die Bekämpfung der Korruption ging. Viele Teilnehmer dieser Debatten mußten sich später wegen Korruption strafrechtlich verantworten. Das zweite Bestechungsgeld, so Usmanchodschajew, habe er Ligatschow in dessen Büro in Moskau übergeben.

Es gelang Gdljan nicht, diese beiden Zahlungen nachzuweisen. Mit Hilfe des Generalstaatsanwalts wurde er faktisch aus den Ermittlungen ausgeschaltet. Nun begannen die Widerrufe der Zeugenaussagen, die Verfahren zerfielen, immer lauter wurden Gdljan und Iwanow beschuldigt, die Gesetze verletzt zu haben. Darüber schrieben praktisch alle Zeitungen. Mein persönlicher Eindruck, den ich von Telman Gdljan im Zusammenhang mit einigen jüngeren Strafsachen gewonnen habe, läßt mich vermuten, daß viele der an die Adresse des berühmten Untersuchungsführers gerichteten Vorwürfe nicht ganz grundlos sind. Ich bin überzeugt, daß es ihm bei der usbekischen Affäre mehr um Ruhm ging als um Beweise. Gdljan verwandte viel Energie darauf, gestohlene Millionen ausfindig zu machen. Die Fotos mit Schmuck und Körben voller Geld gingen durch alle sowjetischen Zeitungen und erregten die Phantasie der mit Gütern nicht gerade reich gesegneten Sowjetbürger. Doch den Löwenanteil des dem Volk gestohlenen Geldes konnten die Verbrecher verbergen. Auch die Taktik, Aussagen zu widerrufen und die Untersuchungsführer der Voreingenommenheit und Brutali-

tät zu beschuldigen, bewährte sich. Viele, sehr viele der
«Ehemaligen» kamen ungeschoren davon. Weil sie sich der
Verantwortung entziehen konnten, wuchs das Mißtrauen der
Bevölkerung gegenüber der Macht des Gesetzes.

Doch die Fehler und Mängel der Untersuchung, das ist nur
die eine Seite.

Auf der anderen Seite wurde alles getan, um die oberste
Macht vor Ermittlungen zu bewahren und die usbekische Affäre in viele einzelne, voneinander unabhängige Verbrechen
aufzuspalten. Die Geschichte ist noch nicht zu Ende. Die
endgültigen Schlüsse stehen noch aus. Noch arbeitet die vom
Ersten Kongreß der Volksdeputierten im Frühjahr 1989 ein-
gesetzte Untersuchungskommission, die alle Umstände prü-
fen soll, auch die Arbeit der Gruppe Gdljan.

Die Sympathien der Bevölkerung sind nach wie vor auf seiten des mutigen Anwalts. Dazu hat das Verhalten der
höchsten Parteispitze maßgeblich beigetragen. In jedem anderen Land wäre ein Staatsmann, gegen den derartige Anschuldigungen vorliegen wie gegen Ligatschow, längst zu-
rückgetreten oder hätte sich mit einer Verleumdungsklage
zur Wehr gesetzt. Das ist nicht geschehen. Spitzenfunktionäre der Partei sind immer noch immun. Mehr noch, sie glauben, über jedem Gericht zu stehen, und halten es für unter
ihrer Würde, als Kläger vor Gericht aufzutreten, um durch
einen Prozeß die Wahrheitsfindung zu fördern. Die höchste
Macht hält sich für höher als jedes für «gewöhnliche Sterbli-
che» geschriebene Gesetz.

In der Presse erscheinen unterdessen kurze Notizen: Der
Prozeß in der und der Strafsache ist beendet. Zu fünfzehn
Jahren Freiheitsentzug wurde der ehemalige Erste Sekretär
des karakalpakischen Gebietsparteikomitees, K. Kamalow,
verurteilt. Der Prozeß gegen den ehemaligen Ersten Sekretär

des ZK der KP Usbekistans, I. Usmanchodschajew, den Ligatschow auf dem 27. Parteitag einen «wahren Internationalisten» genannt hatte, ist beendet. Sein Urteil: zwölf Jahre Freiheitsentzug.

Wieder werden in der Presse hohe Posten und lange Haftzeiten nebeneinander aufgelistet. Ebenso häufig sind kurze Mitteilungen, das Verfahren gegen den und den sei eingestellt. Auf Meetings und Demonstrationen tauchen Plakate auf: «Schande über die Verschlepper der Korruptionsprozesse!», «Gdljan und Iwanow! Keinen Schritt zurück! Das Volk steht hinter euch!»

Abends besucht mich oft Nikolai Strukow. Er ist Untersuchungsführer bei der Staatsanwaltschaft und hat früher in Kursk gearbeitet. Seit kurzem macht er etwas anderes. Als Abgeordneter gehört er der auf dem Ersten Kongreß der Volksdeputierten gebildeten Untersuchungskommission an, die sich mit der Tätigkeit der Gruppe Gdljan befaßt. Zusammen mit zwei anderen Abgeordneten leitet er die Kommission. Das Hotel, in dem die Abgeordneten wohnen, ist nur ein paar Schritte von meiner Wohnung entfernt. Manche Tasse Tee haben wir bei Gesprächen über das organisierte Verbrechen in unserem Land geleert. Nicht in allem bin ich mit Nikolai einer Meinung. Diesmal besuchte er mich gleich nach seiner Rückkehr von einer Dienstreise nach Usbekistan; ich war gerade von der Schreibmaschine aufgestanden, in der eine Seite dieses Kapitels steckte.

Auf seiner Fahrt durch die entlegenen Kischlaks, die Gdljan seinerzeit bereist hatte, und in Gesprächen mit Bauern hatte sich Nikolai sein Urteil gebildet: «Das Volk verflucht Gdljan.» – «Gdljan», erzählte Nikolai, «war wirklich ausgezeichnet informiert, er verhaftete die, über die das Volk sich am meisten beschwerte. Es gab über zehntausend Beschwerden, in Briefen an das ZK der KPdSU und an andere Instanzen. Doch Gdljans Methoden waren inquisitorisch. Er ist grob, arrogant, auch professionell schwach vorgegangen. Alle seine Handlungen waren darauf gerichtet, den ‹Fall des Jahrhunderts› zu schaffen, er sagte oft: ‹Ich werde Generalstaatsanwalt!›»

Einige Zahlen: An die hundert Menschen wurden von der Gruppe Gdljan widerrechtlich verhaftet oder festgenommen, meist handelte es sich dabei um Familienmitglieder von Beschuldigten. Vierzehn Personen waren neun Monate in Haft, sechzehn Personen bis zu sechs Monaten – das sind nur die, deren Strafverfahren eingestellt wurden. Sieben Beschuldigte nahmen sich das Leben.

Schreckliche Zahlen, wenn ich an Nikolais Schilderungen der Gefängnisse und Zellen denke, in denen die Untersuchungshäftlinge saßen – Räume ohne Fenster und Lüftung (bei mittelasiatischer Hitze von 40 Grad!), in denen ein Taschentuch eine Woche lang nicht trocknete, Schmutz und Verwahrlosung, eine defekte Kanalisation, die die Zellen mit Fäkalien überschwemmte.

Doch was ist mit den Verbrechen der usbekischen Mächtigen gegen ihr eigenes Volk? Oder verzeihen die Menschen die Verbrechen ihrer Landsleute eher als die Fremder? Lieber Raschidow, lieber der Teufel selbst, Hauptsache, er ist ein Landsmann? Nikolai Strukow meinte, die Menschen dort haßten Raschidow und Gdljan gleichermaßen, wenn sie auch über die eigenen Landsleute natürlich milder urteilen. Die einfachen Bauern sind zum Beispiel heute noch überzeugt, daß Besitz und Einkünfte eines Natschalniks seinem hohen Posten entsprechen müssen, sei er nun Parteifunktionär oder Staatsanwalt. Sie hassen den, der die Menschen erniedrigt.

Wer nur korrupt ist, aber trotz seiner Macht ein menschliches Antlitz bewahrt hat, von dem sprechen sie mit Achtung. Unsere Maßstäbe versagen dort, ich habe schon von der Wiedergeburt der feudalen Verhältnisse in Mittelasien gesprochen. Die Usbeken hatten auch ein ganz anderes Verhältnis zu der Tatsache, daß es in der Parteispitze viele Verwandte Raschidows gab, allein im Apparat des ZK sechs Personen. Nach den Gesetzen der Sippe ist das normal. Für uns ist schwer zu verstehen, warum ein Mensch, der so viel erdulden muß, auch noch demütig Schmiergeld zahlt. Das ist eine andere Psychologie, eine andere Kultur; der Koran ist nicht die Bibel.

Na gut, sagte ich zu Nikolai, wir entlarven die illegalen Seiten des Vorgehens von Gdljan und seiner Gruppe, begraben damit aber zugleich den Fall Usbekistan. «Ich denke», entgegnete Nikolai, «Gdljan hat der Bekämpfung der Mafia nur geschadet. Aber die Bekämpfung der Mafia war auch gar nicht sein Ziel. Es war ein politischer Kampf, bei dem es Gdljan nur um eines ging – sich einen Namen und Karriere zu machen.»

So Nikolais Version. Ich gebe sie wieder, behalte mir aber das Recht vor, ihm zu widersprechen. Dazu einige Daten, die in vorhergehenden Kapiteln eine Rolle spielten.

November 1982 – Breschnews Tod, Machtantritt Andropows. Dezember 1982 – Absetzung Schtscholokows vom Posten des Innenministers. Juni 1983 – Ausschluß Schtscholokows aus dem ZK. Erst anderthalb Jahre später, am 7. Dezember 1984, wird er aus der Partei ausgeschlossen und begeht am 13. Dezember Selbstmord. Die anderthalbjährige Pause belegt, daß Schtscholokows Macht und sein Einfluß auf den Staatsapparat noch groß waren und er, wie behauptet wird, ernsthaft darauf rechnete, nach dem Tod seines greisen Freundes Breschnew dessen Nachfolge anzutreten.

Sein Hauptgegner und Opponent war Andropow. Gdljans Gruppe traf im Sommer 1983 in Usbekistan ein und nahm im September ihre Arbeit auf. Sie arbeitete isoliert von anderen Untersuchungsgruppen, die schon in Usbekistan tätig waren. Untergebracht war sie im Gebäude des KGB der Republik. Gdljan begann mit der Einleitung von Strafverfahren gegen Milizmitarbeiter und sammelte Zeugenaussagen gegen Tschurbanow.

Dieser Version zufolge war die Arbeit der Gruppe Gdljan nicht so sehr auf die Bekämpfung des organisierten Verbrechens gerichtet als vielmehr gegen das usbekische Innenministerium, gegen den Minister und seine Stellvertreter. Die besondere Mission der Gruppe Gdljan wurde auch darin erkennbar, daß ihr für Untersuchungsorgane ungewöhnliche materielle Möglichkeiten zur Verfügung standen – Technik, Autos, Kampfhubschrauber, Soldaten mit Maschinenpistolen, kugelsichere Westen usw. Die Festnahmen sahen bei Gdljan mitunter aus wie militärische Operationen, jedenfalls wird das in den Kischlaks erzählt – Hubschrauber in der Luft, alle Wege mit Autos versperrt, bewaffnete Uniformierte drangen in Häuser ein.

Hing die Arbeit der Gruppe Gdljan demnach möglicherweise eng mit dem Kampf um die politische Macht in Moskau zusammen?

Folgt man dieser Version, so war Usbekistan vor allem deshalb interessant, weil von hier die meisten Tschurbanow und Schtscholokow kompromittierenden Fäden ausgingen. Das Ziel, die beiden Generale zu stürzen, wurde erreicht. Der Aufdeckung der Partei- und Staatsmafia aber schadete Gdljan sehr. Jetzt befaßt sich die Republik nicht mit der Entlarvung der Verbrecher, sondern mit der Rehabilitierung Unschuldiger.

Dieser Version ist eine gewisse Logik nicht abzusprechen. Zugleich kann ich sie nicht völlig akzeptieren. Erstens weiß niemand genau, was in den Fluren des Kreml wirklich vor sich geht. Wir können darüber nur Vermutungen anstellen und auf die nächsten Memoiren warten. Jetzt wissen wir einigermaßen über die Intrigen um Chruschtschow Bescheid; Erinnerungen von Insidern der Ära Andropow werden wohl noch zwanzig Jahre auf sich warten lassen.

Ein wichtiges Detail fehlt bis jetzt – der Tod Andropows und der Machtantritt des «zweiten Breschnew», des ebenso greisen und senilen Konstantin Tschernenko. Das war im Februar 1984. Und wenn Schtscholokows Ambitionen auf die Macht nicht ganz unbegründet waren, dann hätte Tschernenko ihm durchaus die helfende Hand hinstrecken können und es nicht zum Parteiausschluß kommen lassen müssen. Die usbekischen Ereignisse waren also wohl nicht so sehr von der Logik des politischen Kampfes (genauer gesagt, von Machtintrigen) bestimmt, sondern von der offensichtlichen historischen Realität. Das Leben dieses Volkes, das so geduldig ist, wie der Koran es vorschreibt, war unerträglich geworden, die Tyrannei der sozialistischen Feudalherren kannte keine Grenzen mehr. Die verkommene Macht zerstört sich selbst. Daß die Folgen dieser Zerstörung weit über die Grenzen der Republik hinausreichten und dabei auch die Verwerflichkeit des Machtzentrums zutage trat, steht auf einem anderen Blatt. Heute erleben wir, wie versucht wird, diesen Enthüllungsprozeß zu bremsen. Gdljan hat, ohne es selbst zu ahnen, der korrupten, verbrecherischen Machtspitze einen großen Dienst erwiesen. Er weiß, wie viele Verbrecher und Diebe großen Stils sich der Verantwortung entziehen können.

Mein wichtigster Einwand gegen den Parlamentsabgeordneten Nikolai Strukow ist folgender: Er neigt dazu, in allem, was mit dem organisierten Verbrechen zusammenhängt, ein die gesamte Sowjetunion umfassendes, durch feste politische Fäden verknüpftes und durch gemeinsames Kapital verbundenes System zu vermuten. Dabei können weder er noch die Anhänger seines Standpunkts dieses System konkretisieren. Darum bleibt es bei geheimnisvollen Verweisen auf mächtige Kräfte hinter den Kulissen. Bei unserem letzten Gespräch ging Strukow zum Beispiel auf Alijews Besuch bei Raschidow ein.

Geidar Alijew, unter Breschnew Erster Sekretär des ZK der KP Aserbaidschans und Freund Raschidows, war in der Vergangenheit Mitarbeiter des KGB. In Usbekistan, meint Strukow, hege niemand Zweifel daran, daß Alijews letzter Besuch und der Tod Raschidows am nächsten Tag auf geheimnisvolle Weise zusammenhängen. In der sowjetischen Geschichte gibt es natürlich viele finstere und geheimnisvolle Ereignisse mit Gift und ähnlichem, die jedem mittelalterlichen Königshof mit seinen Intrigen und Machtkämpfen Ehre machen würden; aber ich glaube trotzdem, *wenn* es eine Verbindung zwischen Alijew und Raschidow gab, dann ist diese nicht in den Riten der Mafia-Clans zu suchen, wo ein Chef umgebracht wird, um einen anderen an die Macht zu bringen, sondern in einem realeren, greifbaren Bereich, dem unseres politischen Systems, das die Menschen mehr aneinander bindet als alle Blutsschwüre, Schweigegelübde und die Gesetze der Blutrache.

Aber in einem Buch über die Mafia taucht nicht zufällig der Name Alijew auf. Die Kämpfe in Transkaukasien, über die ich regelmäßig informiert wurde, haben mich längst bekannte Tatsachen des organisierten Verbrechens in einem neuen Licht betrachten lassen. Der Konflikt zwischen Armenien und Aserbaidschan, der 1991 zu einem Bürgerkrieg eskalierte, machte mich noch pessimistischer.

Was die Kriminalität angeht, hätte Aserbaidschan ein zweites Usbekistan werden können, wenn nicht noch schlimmer. Es heißt, Andropow habe Alijew nach Moskau versetzt, um die Kontrolle über die Republik zu ermöglichen, wo die Macht ganz und gar in den Händen des Familienclans und der Landsleute des ehemaligen Ersten Sekretärs lag. Die Beute aus Betrug und Unterschlagungen belief sich auf astronomische Summen, mit denen ich die Leser nicht ermüden will, es wäre nur eine Wiederholung usbekischer Fakten, einschließlich der Menschenrechtsverletzungen durch die Miliz, der Vernichtung, Verbannung und Verleumdung von Menschen, die mit der Situation in Aserbaidschan nicht einverstanden waren. Tatsachen in Hülle und Fülle, aber im Unterschied zu Usbekistan wurden sie nicht zu Strafsachen.

Alijew war mächtig, seine Freundschaft mit Breschnew war im ganzen Land bekannt. Das ganze Land kannte auch den Ring, den er Breschnew geschenkt hatte – ein großer Brillant, umgeben von fünfzehn kleineren, sollte die Freundschaft der Bruderrepubliken der UdSSR symbolisieren. Damals, bei seinem Besuch in Baku 1981, bekam Breschnew auch ein brillantbesetztes Schwert und ein von den besten Meistern gefertigtes Kaffeeservice aus Gold, Silber, Platin und Edelsteinen geschenkt. Ganz zu schweigen von den regelmäßigen Luftfrachten, die Breschnew und seine Angehörigen anderthalb Jahrzehnte lang mit erlesenem Obst, Kaviar, Kognak und Wein versorgt hatten. Das ist nur ein Detail, das erklärt, worauf die Stellung von Alijews Clan, der das aserbaidschanische Volk betrog und ausraubte, und seine Unantastbarkeit beruhten.

Dann begann die Okkupation. Bewaffnete Truppen in

Aserbaidschan und Armenien, täglich versammelten sich Tausende auf dem zentralen Platz in Baku, es ging das Gerücht um, Alijew, der längst als Rentner in Moskau lebte, sei unter den Demonstranten. Mir ist bekannt, daß eine Maschinenpistole in Aserbaidschan dreißigtausend Rubel kostet, die Munition dafür fünf bis acht Rubel je Patrone. Woher hatten die Nationalisten so viel Geld? Die Laienarmee wurde bewaffnet, eingekleidet, untergebracht und versorgt. Von wem?

Später wurde bekannt, daß Alijew tatsächlich auf einer Versammlung gewesen war. Aber nicht in Baku, sondern in Moskau, im Gebäude der aserbaidschanischen Vertretung. Die *Prawda* zitierte seine Worte: «Unter mir wäre das nicht passiert!» Ein Jahr zuvor war bei Pogromen und Unruhen in Nachitschewan (einem autonomen Gebiet Aserbaidschans) die Losung «Gebt uns Alijew zurück!» aufgetaucht. Diese Losung ist schwer zu verstehen, wenn man nicht weiß, daß Alijew und fast alle Minister, Akademiemitglieder und Chefs der Republik aus Nachitschewan stammten. Es heißt, wendige Parteifunktionäre seien für ein, zwei Jahre nach Nachitschewan gegangen, weil das faktisch eine Voraussetzung für die weitere Karriere gewesen sei. Auch hier wirkte das schon von Usbekistan bekannte Gesetz der Sippe und des Clans.

Die Liste der Verbrechen und der Fälle von Amtsmißbrauch des die Republik viele Jahre beherrschenden Clans ist lang. Die – möglicherweise sogar von ihm organisierten – nationalen Unruhen in Aserbaidschan nutzte dieser Clan für den Versuch, die Macht wiederzuerlangen, die ihm aus den Händen glitt, und damit auch die Quelle der Bereicherung.

Geld wurde nicht nur für Waffen gebraucht. Als die tagelangen Versammlungen Tausender auf dem Platz in Baku begannen, trafen Verpflegung, Decken und Zelte ein. Als die

Kampfhandlungen einsetzten, verfügten die Extremisten über große Mengen von Medikamenten, Verbandsmaterial, militärischer Ausrüstung, Gasmasken und vieles mehr. Dazu verbreitete sich in der Republik das Gerücht: «Unter Alijew wäre das alles nicht passiert.»

Wenn man das alles in Betracht zieht, fällt es schwer, die jüngsten transkaukasischen Ereignisse nicht mit der Mafia der Republik in Verbindung zu bringen, und es ist ebenso schwer, die Folgen für das ganze Land vorherzusagen.

Die Verhältnisse ändern sich rasant, und sie verändern alles. Die Perestroika, so paradox das auch klingen mag, führte nicht nur zur Zerstörung mafioser Gebilde, sie ist auch eine Chance für ihre Erhaltung. Das scheint absurd, aber genau das belegen die transkaukasischen Ereignisse, wo der Widerspruch unserer Zeit sich zu einem blutigen Kampf zugespitzt hat.

In Aserbaidschan und Armenien geschieht gegenwärtig etwas Schreckliches – die Mafia geht durch eine Blutstaufe. Sie stärkt sich im Krieg und bewaffnet sich.

Es ist viel die Rede davon, daß die «demokratische Anarchie» ein Ende haben müsse, weil dem Land sonst der Bürgerkrieg drohe. Mir liegt es fern, in den Ruf nach der starken Hand und die Forderungen nach Beendigung der Demokratisierungsprozesse einzustimmen. Dann würden wir Opfer des organisierten Verbrechens und der Bürokratie. Es schmerzt mich zu sehen, daß der Kampf für die Perestroika und ein neues Leben auf einem Sechstel der Erde zu einer Schießerei ausartet. Aber es wäre naiv zu glauben, daß Banditen ihre Quelle der Bereicherung kampflos aufgeben würden.

Um Mißverständnissen vorzubeugen – ich will die in Transkaukasien aufgebrochenen Konflikte nicht allein auf die Mafia reduzieren. In Aserbaidschan (und nicht nur dort) machen sich jetzt Probleme des Islam, des überlebten imperialen Machtsystems und feudaler Traditionen bemerkbar, brutaler Nationalismus entfaltet sich ebenso wie die demokratischen Bestrebungen der Intelligenz. Doch bei allen Problemen und Widersprüchen, die letztlich zur Explosion geführt haben, spielte das, wovon in diesem Buch die Rede ist, keine geringe Rolle.

Schattenwirtschaft

Schauplatz der nächsten Strafsache ist eine andere mittelasiatische Republik, Kasachstan. Ihr Held ist der Verkehrsminister Anatoli Karawajew, geboren 1935, Doktor der technischen Wissenschaften, bis zu seiner Inhaftierung Mitglied der KPdSU, ab 1980 Erster Stellvertreter des Verkehrsministers, ab 1984 Minister. Die Aufzählung der Orden und Auszeichnungen lasse ich aus. Das Strafverfahren gegen ihn wurde 1986 eingeleitet, die Anklage lautete auf Korruption.

Aus Karawajews Aussage: «In den siebziger Jahren begannen in Kasachstan Verletzungen der moralischen Normen, die Kontrolle ließ nach, alles schien erlaubt. Die Korruption blühte, Bestechung wurde zum Regulator aller Beziehungen in der Gesellschaft. Ehrlichkeit wurde unmöglich, und nach zehn Jahren redlicher Arbeit verletzte ich zum erstenmal das Gesetz und war gezwungen, Schmiergelder zu nehmen und zu geben.»

Aus der Strafakte: «A. Karawajew mißbrauchte systematisch seine Position und beging vorsätzliche Handlungen zum Nachteil staatlicher Interessen. Karawajew, der vom Korruptionssystem im kasachischen Verkehrsministerium wußte und einer seiner Initiatoren war, und seine Untergebenen unterschlugen vorsätzlich Einnahmen aus dem regionalen Linienbusverkehr und gaben damit den Busfahrern die Möglichkeit, Passagiere ohne Fahrschein zu befördern. Daraus entstand dem Staat allein im Zeitraum von 1980 bis 1986 ein Schaden von mindestens 11,4 Millionen Rubel.»

Aus einer Zeugenaussage: «Dieses System existierte lange. Darin waren viele Menschen verstrickt – die Busfahrer der regionalen Linien, Kontrolleure, die Chefs der Fuhrparks und der Verwaltungen. Es war ein gut organisiertes System, das exakt und reibungslos funktionierte. Die Haupteinnahmequelle war die Beförderung von Passagieren ohne Fahrschein – das Fahrgeld eigneten sich die Fahrer an. Eine weitere Quelle waren die Schmiergelder, die die Kontrolleure von den Busfahrern nahmen. Zum Wirkungskreis dieses Systems gehörten viele Fuhrparks und Natschalniks. Der Anteil am Gewinn hing vom jeweiligen Posten ab.»

Das Schmiergeldkarussell Passagier – Fahrer – Revisor – Chef der Fahrzeugbrigade – Chef des Fuhrparks – Chef der Verkehrsverwaltung drehte sich wie die Räder der regionalen Linienbusse. Hunderte Busfahrer waren in die Verbrechen verwickelt.

Aus einer Zeugenaussage: «Ich habe lange überlegt, wie und wann dieses System der ‹Abgaben› entstanden ist, und bin zu dem Schluß gekommen, daß es absichtlich geschaffen wurde. Einer seiner Organisatoren war Karawajew. Er hat es nicht nur gefestigt, sondern das Netz auch auf die ganze Republik ausgedehnt, so daß es wie ein Krebsgeschwür das Passagiertransportwesen der ganzen Republik infizierte.»

Aus Karawajews Aussage: «Keiner hat daran je Anstoß genommen. Es galt als normal, daß die Busfahrer einen ‹Nebenverdienst› hatten, der war mitunter beachtlich, und es ist nichts Anstößiges daran, wenn sie mit ihren Chefs teilen. Unsere Handlungen rechtfertigen wir damit, daß jeder von uns große Ausgaben hatte, zum Beispiel, um gute Beziehungen zu nützlichen Personen herzustellen, von denen solche Fragen wie die Versorgung, die normale Arbeit meines Betriebes abhingen. Ich brauchte Mittel für Restaurants, Saunabesuche, Picknicks, für Geschenke und Schmiergelder.»

Der Mechanismus der Verbrechen, die Karawajew vorgeworfen wurden, ist der altbekannte – wie oft war in diesem Buch schon die Rede davon, daß jemand in die Lage gerät, seinen Chefs etwas zu schenken, sie zu schmieren und zu bewirten. Dieser Fall unterscheidet sich von anderen dadurch, daß der Minister seine Möglichkeiten zielgerichtet ausnutzte. Unter seiner Leitung errechnete eine Gruppe von Wissenschaftlern exakt alle potentiellen Passagierbewegungen in der Republik; dieses Material war Grundlage seiner Dissertation. Er wußte genau, wieviel «schwarzes» Geld einem Fahrer jede Linie einbringen und welches Schmiergeld er von jedem Fahrdienstchef verlangen konnte. Das war etwas anderes als der Fall des Generals Iwanow oder die schamlose Erpressung der Racketeers – dieser Fall zeigt, wie das gesellschaftliche System einen Menschen mit hervorragenden organisatorischen Fähigkeiten, der sein Fach versteht, in die Kriminalität drängt.

Noch einmal aus Karawajews Aussage: «In Kasachstan hatte sich im Laufe der Jahre eine Atmosphäre der gegenseitigen Abhängigkeit herausgebildet, die auf verwandtschaftlichen Beziehungen, Protektion und Korruption beruhte. Für alles mußte Schmiergeld gezahlt werden: für einen Posten, für eine Beförderung, für eine Wohnung, für einen Studienplatz usw. Ich will mich nicht rechtfertigen. Ja, ich habe selbst Schmiergelder genommen und gegeben. Aber das galt für einen Mann in meiner Position als normal.»

Ich will jetzt erläutern, was die in der Sowjetunion der letzten Jahre so oft erwähnte Schattenwirtschaft eigentlich ist und was Karawajew mit ihr zu tun hat. Man kann nicht über das organisierte Verbrechen reden, ohne diese illegalen Wirtschaftsbeziehungen zu beleuchten; die Wirtschaft ist auch in dieser Sphäre das bestimmende Moment.

Wenn Karawajew Besitzer, Aktionär oder Geschäftsführer eines großen Busunternehmens wäre und seine Arbeit nach eigenem Ermessen organisieren könnte, wäre das ein vorbildlicher Betrieb. Er verletzte die Gesetze deshalb, weil die gesamte Wirtschaft dem Staat gehört, in dessen Namen Beamte von den Arbeitenden Bestechungsgelder erpressen. Ich will nicht behaupten, daß es besser wäre, wenn das Busunternehmen Karawajew gehörte, aber daß das bestehende System die Menschen nicht zu ehrlicher Arbeit stimuliert, ist eine unbestrittene Tatsache.

Angaben des Innenministeriums zufolge wurden zwischen 1986 und 1990 über eine Million Wirtschaftsverbrechen aufgedeckt. Darunter 40 000 schwere Fälle von Diebstahl, 28 000 Fälle von Korruption und rund 170 000 Fälle von Schiebung. Beteiligt daran waren 1,2 Millionen Menschen. Und 70 Prozent der Wirtschaftsverbrechen bleiben unaufgedeckt, bei Korruption und Diebstahl sogar 95 Prozent.

Die Planwirtschaft hat in unserem Land die Marktbeziehungen verdrängt. Doch nur theoretisch, in Wahrheit hat sie diese in die Illegalität verwiesen. Wie überall brauchen die Menschen in der UdSSR unzählige Dienstleistungen, und wenn der Staat diese nicht bieten kann, springen Privatunternehmer ein. Eine weitere Quelle des illegalen Business ist der permanente Warenmangel.

Bei der Aufzählung der Zweige der Schattenwirtschaft stütze ich mich auf die kürzlich erschienene Veröffentlichung des Wirtschaftsexperten Ulybin. Seiner Ansicht nach sind es fünf.

Das ist vor allem Kriminalität aus Gewinnsucht, vom einfachen Diebstahl bis zu den großen Summen, die Porno- und Drogenhändler verdienen. Dann kommen illegale Warenproduktion und Dienstleistungen mit einem geschätzten Jahresumsatz von 30 bis 40 Milliarden Rubel. Für etwa 15 Milliarden Rubel wird in den Betrieben gestohlen: Lebensmittel, Benzin, Baumaterial – schwer zu sagen, was bei uns nicht gestohlen wird! Die Schiebung hat in letzter Zeit gigantische Ausmaße erreicht, dem Ausmaß des Mangels im Land entsprechend. Die Einkommen der Schieber belaufen sich auf 10 Milliarden Rubel jährlich. Schließlich die Schattenwirtschaft, die legal existiert, wie die Abrechnung nicht produzierter Waren, die Unterhaltung überflüssiger Organisationen durch den Staat, die Finanzierung von Bauvorhaben mit Verlust, die Produktion von unbrauchbaren Erzeugnissen usw. Diese nichterarbeiteten Einkünfte betragen schätzungsweise rund 30 Milliarden Rubel jährlich.

Die Angaben, mit denen Experten operieren, sind nicht exakt, aber ich werde mich trotzdem darauf stützen, vor allem auf die Publikationen von Tatjana Korjagina. Seit bei uns über die Mafia und die Schattenwirtschaft gesprochen wird, wurde sie als eine der wenigen Wissenschaftler bekannt, die sich damit beschäftigen. An systematischen und ernsthaften Untersuchungen zur Schattenwirtschaft wird in dreißig Ländern der Welt gearbeitet. Bei uns gibt es solche Untersuchungen auf staatlicher Ebene leider nicht. Doch Tatjana Korjaginas Meinung genießt das größte Ansehen – jedenfalls stützte sich der ehemalige Innenminister Vadim Bakatin in seinem Bericht vor den Abgeordneten des Volkskongresses auf ihre Angaben.

Nach Korjaginas Schätzungen hat die Schattenwirtschaft einen Umfang von 70 bis 90 Milliarden Rubel. Rund 30 Millionen Menschen sind in dieser oder jener Form in diese Sphäre einbezogen, mehr als ein Fünftel aller Beschäftigten. Ein besonders intensives Wachstum hatte die kriminelle Wirtschaft in den siebziger und achtziger Jahren zu verzeichnen. Sie hat schätzungsweise 1,5 Prozent der Grundmittelfonds des Landes unter ihrer Kontrolle. Diese Wirtschaft hat eine Klasse illegaler Millionäre hervorgebracht; Tatjana Korjagina schätzt ihre Zahl auf dreißigtausend. Seit 1985 wurden 629 Fälle von Diebstahl und Korruption vor Gericht verhandelt, bei denen die Schadenssumme über einer Million Rubel lag.

Das aus der Schattenwirtschaft gewonnene Vermögen von Privatpersonen liegt nach Tatjana Korjaginas Angaben bei 200 bis 240 Milliarden Rubel. Zum Vergleich: Das Privatvermögen der Einwohner Rußlands, der größten Republik der UdSSR, wird auf 270 bis 280 Milliarden Rubel geschätzt. Dieser Wert sinkt allerdings ständig – die Möbel und Häuser werden älter usw. Der Vermögenswert der Geschäftsleute dagegen steigt – sie haben ihr Geld in Schmuck, Antiquitäten, Devisen angelegt.

Die Prognose eines Wirtschaftsexperten: «Schon in den nächsten Jahren kann die Schattenwirtschaft auf einen Umfang von 100 bis 130 Milliarden Rubel anwachsen. Die Metastasen der kriminellen Wirtschaft greifen auf immer mehr Sphären über, die Schwarzmarktpreise steigen drastisch, und es ist mit illegalen Vermögen in Milliardenhöhe zu rechnen.»

Ein interessantes Phänomen: Es wird nach der starken Hand gerufen und gefordert, endlich mit dem Lärm und der Vielstimmigkeit der Perestroika Schluß zu machen und den illegalen Millionären das Handwerk zu legen. Diese Idee findet relativ viele Anhänger – das Syndrom des Stalinismus ist noch sehr stark. Doch aus diktatorischen Methoden und einer Rückkehr zum autoritären Regime zöge wieder die Schattenwirtschaft den größten Nutzen, denn es war ja gerade das zentralisierte Kommandosystem, das es ermöglichte, die staatlichen Ressourcen auszuplündern und aus jedem Anlaß Schmiergeld zu erpressen. Darin liegt wohl der prinzipielle (ökonomische) Unterschied unserer mafiosen Clans zu denen im Westen. Jeder illegale Geschäftsmann, der mit den Traditionen des Kapitalismus vertraut ist, ginge in unserem Wirtschaftssystem binnen weniger Tage bankrott. Ihn würden die Geldforderungen des korrupten Beamtenapparats ruinieren. Angaben des Instituts der Generalstaatsanwaltschaft der UdSSR zufolge brauchen die sowjetischen illegalen Geschäftsleute ein bis zwei Drittel ihres Einkommens, um Beamte zu bestechen. Sie müssen für alles Schmiergeld zahlen: für Räume, Rohstoffe, Ausrüstungen, Transportmittel, für die Organisation des Absatzes usw.

Die Unsinnigkeiten und Verzerrungen in der sowjetischen Wirtschaft, über deren Bekämpfung seit 1985, seit Beginn der Perestroika, geredet wird, werden dann der Vergangenheit angehören, wenn endlich ernsthafte Reformen beginnen. Dann erst werden vielleicht auch die phantastischen Bereicherungsquellen der Geschäftsleute der Schattenwirtschaft verschwinden, die sich jemand, der unter den Bedingungen der Marktwirtschaft aufgewachsen ist, nicht vorstellen kann. Ich wollte zum Beispiel von einem einzigartigen Fall erzählen: Über zwei Millionen Rubel hatte die Leiterin einer Flaschenannahmestelle sich in die eigene Tasche gesteckt. Doch ich habe es aufgegeben, weil ich einfach nicht in der Lage war, plausibel zu machen, wie leere Kisten und Flaschen solche Riesengewinne abwerfen können. Vor solchen

Schwierigkeiten stand ich mehrfach. Wie soll ich zum Beispiel erklären, daß das Fernsehen voller Stolz verkündete, in Charkow sei eine große kriminelle Gruppe aufgedeckt worden, die in Ateliers der Stadt Trikotagen genäht und sie über den Einzelhandel vertrieben hatte? Allerdings waren die Stoffe gestohlen, das ist schlecht. Aber seit das Geschäft nicht mehr läuft, bekommen die Menschen in Charkow noch weniger Bekleidung zu kaufen, und das ist auch schlecht.

Der Ausweg aus vielen ähnlichen Situationen, die nicht direkt kriminell sind, liegt nach Ermessen des gesunden Menschenverstands darin, das illegale Business zu legalisieren, privates Unternehmertum in einem für die Bevölkerung akzeptablen Umfang zuzulassen. Das wird gerade versucht. Natürlich wären damit nicht alle Sphären der Schattenwirtschaft beseitigt, aber wir hätten ihr das entzogen, was die Bevölkerung braucht, wofür wir sowieso unser Geld ausgeben. Jüngsten Angaben zufolge erfaßt der Verbrauchermarkt der Schattenwirtschaft die Hälfte der gesamten Bevölkerung.

Die Normalisierung der Wirtschaftsbeziehungen und die Entwicklung des Marktes werden uns eines Tages von so idiotischen Formen des Staatsruins wie gefälschten Produktionszahlen und Betrug in großem Ausmaß befreien. Ich möchte glauben, daß im Laufe der Zeit von der Schattenwirtschaft nur noch die Erscheinungen übrigbleiben, die jedem Leser eines beliebigen Landes problemlos zu erklären sind und weltweit in den Bereich des Strafrechts fallen. Bis jetzt aber muß ich wiederholen: In der Wirtschaft liegt der wesentliche Unterschied zwischen unserer sowjetischen Mafia und jeder anderen begründet.

Vor kurzem habe ich folgende Definition gelesen: «Die

Mafia ist die Tochter des Mangels. Der Mangel ist der Sohn des administrativen Kommandosystems.» Eine treffende Definition, aber zu eng. Die sowjetische Mafia hat wenigstens drei «Eltern».

Die Mafia

Vielleicht wird der Leser enttäuscht sein, aber ich sage gleich: Eine Mafia im klassischen Sinne, eine Mafia, über die Hollywood-Filme gedreht werden, eine Mafia mit wilden Gangstern und sentimentalen Patriarchen, gibt es bei uns nicht. Oder fast nicht. Genauer gesagt, leider nicht.

Warum leider? Was es bei uns gibt und was sich in Zukunft daraus entwickeln kann, ist bedeutend schlimmer und ernster als die Mafia westlicher Machart.

Ich will den Schaden, den Organisationen wie Cosa nostra der Gesellschaft zufügen, nicht verharmlosen, dennoch – wenn uns nur das drohte, brauchten wir keine Panik zu machen, sondern könnten schnell staatliche Maßnahmen einleiten. Vor allem brauchten wir uns nur auf die große Erfahrung der europäischen und amerikanischen Polizei zu stützen, unsere Rechtsschutzorgane großzügiger zu finanzieren und so gemeinsam dieses Übel zu mindern. Dieses Übel jedenfalls ist ausreichend bekannt, was seine Bekämpfung erleichtert. Das Monstrum jedoch, das sich in unserem Land herausgebildet hat, kennen nicht einmal wir selbst richtig, wir haben erst begonnen, den Schleier des Geheimnisses zu lüften, von dem es viele Jahre umgeben war. Darunter kommt ein solches Ungeheuer zum Vorschein, daß man wirklich nur Mitleid mit den Gangstern westlicher Couleur haben kann – verglichen mit ihren sowjetischen «Kollegen» sind sie unschuldige Kinder.

Wie bin ich zu diesem traurigen Schluß gekommen? Vor allem, weil unser organisiertes Verbrechen andere «Erzeuger» hat. Es sind drei – der Leser kennt sie alle aus den vorhergehenden Kapiteln.

Der erste «Erzeuger», besser: die notwendige Voraussetzung und Basis für jede Mafia, im Westen wie bei uns, ist die vielfältige, gut entwickelte professionelle Kriminalität, mit anderen Worten, die Existenz von gewöhnlichen Dieben, Mördern, Räubern und anderem Gesindel mit eigenen Traditionen und Gesetzen, das seinen Nachwuchs heranzieht. Dieser Form der Kriminalität habe ich fast die Hälfte des Buches gewidmet. Ich fasse die wichtigsten Schlüsse noch einmal zusammen.

In vielem, das Lebensniveau eingeschlossen, sind wir hinter westlichen Ländern zurückgeblieben. Aber es gibt einen einzigen Punkt, in dem wir auf unsere Zurückgebliebenheit stolz sein können, das ist die Kriminalität. In Moskau, einer Stadt mit zehn Millionen Einwohnern, werden durchschnittlich ein bis zwei Morde pro Tag verübt, mitunter nicht ein einziger. Verglichen mit amerikanischen Großstädten eine durchaus beruhigende Statistik. Sie läßt auch die Behauptung zu, daß die Kriminalität bei uns 1991 entschieden niedriger war als in einigen kapitalistischen Ländern. Doch das «Kind» wächst und wächst, kontinuierlich und rasch.

Das beunruhigt unsere Gesellschaft sehr. Im Laufe der letzten Jahre wuchs der Anteil von Gewaltverbrechen um 33 bis 34 Prozent, um ein Drittel. Bei diesem Tempo werden wir unsere tröstliche Zurückgebliebenheit bald überwunden haben. Für das organisierte Verbrechen ist noch eine andere Tatsache wesentlich – die Wiederbelebung krimineller Traditionen. Als ich über die Banden in Rußland sprach, erwähnte ich, daß in den sechziger Jahren der Eindruck entstanden war, die klassischen Traditionen der «gesetzestreuen Diebe» gehörten der Vergangenheit an. Das war falsch; der Vergangenheit gehören nur die Prinzipien der Diebesbruderschaft an, die anachronistisch geworden sind. Ansonsten können wir gegenwärtig die Wiederbelebung der kriminellen Traditionen und das Auftauchen neuer Anführer konstatieren. In den letzten Jahren hat die Miliz rund zwanzigtausend sogenannte «Autoritäten» und fast fünfhundert gesetzestreue Diebe registriert. Das sind Personen, deren Ganovennamen die Kriminellen im ganzen Land kennen und deren Befehle ganze Verbrecherbanden, die dem Diebesgesetz unterworfen sind, in Bewegung setzen.

Eine Folge der Wiederbelebung dieser Traditionen ist das schnelle Anwachsen der Rückfallkriminalität, die bei 25 bis 28 Prozent jährlich liegt. In Kolonien und Gefängnissen, der «Universität», in der Zehntausende Rekruten der Verbrecherwelt ihre Berufsausbildung erhalten, wird die «Ausbildungsqualität» von 310 000 Kriminellen mit mindestens drei Vorstrafen gewährleistet. Das Leben der Kriminellen hinter Gittern richtet sich in vielem nach den Anweisungen der «Autoritäten» in Freiheit – wir wissen von 36 «Gemeinschaftskassen» zur Unterstützung von Häftlingen. Wie viele mag es noch geben?

Zu den für unser Land traditionellen Verbrechen kommen noch solche, die wir früher nur aus westlichen Filmen kannten, zum Beispiel bezahlte Morde. (Gedungene Mörder gab es in den dreißiger Jahren in der Politik; Stalin entledigte sich so ungenehmer Personen.) Einige jüngste Fälle. In Baku wurde der Direktor einer großen Bierbrauerei getötet. Der Mörder kassierte dafür fünfzigtausend Rubel. In Turkmenien wurde mit einer Mitarbeiterin des Parteiapparats abgerechnet; die Mörder waren von einem ehemaligen Milizobersten gedungen worden. Gedungene Mörder beschäftigten auch die Rauschgifthändler, die für Gold und Schmuck in Afghanistan Opium eintauschten und es illegal in die UdSSR brachten. Zu diesen Gruppen gehörten unter anderem Milizionäre und Parteiarbeiter. Immer öfter treten Fälle von Entführung auf; Fachleute für Rechtsgeschichte, die sich mit unserem Racket befassen, konstatieren seine Ähnlichkeit mit dem amerikanischen Racket der vierziger und fünfziger Jahre.

Die gegenwärtige Kriminalität und die damit zusammenhängenden Prozesse scheinen auf eine Analogie mit der Entstehung der Mafia in den USA hinzuweisen. Dennoch gibt es Spezifika, die direkte Vergleiche verbieten, zum Beispiel folgende Zahl: Die Kriminalität aus Gewinnsucht (Raub und Diebstahl) wächst wesentlich schneller als jede andere – bis zu 75 Prozent jährlich. Das leitet uns zum zweiten «Erzeuger» des sowjetischen organisierten Verbrechens, der Wirtschaft. Unsere Mafia ist eine Frucht der Verbindung von Kriminalität und Wirtschaft.

Der Leser kennt schon einige Seiten des sowjetischen Wirtschaftslebens – den Handel, den Diebstahl in Produktionsbetrieben und Zahlen zum Ausmaß der Schattenwirtschaft. Nach Einschätzungen ausländischer Experten gehörte die ehemalige UdSSR zu den zwanzig Ländern mit der ausgeprägtesten Schattenwirtschaft. Ihre Besonderheiten wurden vom administrativen Kommandosystem in der Wirtschaft, von den zahlreichen Mangelerscheinungen auf dem Waren- und Dienstleistungsmarkt und der streng geregelten Verteilung der Ressourcen bestimmt. Als Ergänzung noch einige Angaben, die belegen, in welcher Atmosphäre legalisierter Mißwirtschaft, in welchem Ausmaß der Zerstörung normaler Wirtschaftsbeziehungen sich die einheimische Kriminalität entfaltet.

Täglich gehen dem Staat durch Materialmangel, Diebstahl und unachtsamen Umgang mit Material 4 Milliarden Rubel verloren. Über ein Drittel (!) der landwirtschaftlichen Produktion gelangt nicht zum Verbraucher. Die Verluste an Vieh belaufen sich auf 2 Milliarden Rubel; 2,5 Millionen Tonnen Fleisch und 20 Millionen Tonnen Getreide gehen verloren oder werden gestohlen. Industrieanlagen im Wert von 18 Milliarden Rubel, die nicht installiert wurden, verrotten und werden gestohlen; darunter Importe im Wert von 6 Milliarden. Die Verluste durch fingierte Abrechnungen belaufen sich im Verkehrswesen auf 2 bis 3 Milliarden Rubel jährlich, in der Bauwirtschaft auf 3 bis 4 Milliarden.

Die Liste ökonomischer Widersinnigkeiten ließe sich fortsetzen, doch auch so ist ersichtlich: Das Chaos in der Wirtschaft ist die beste Voraussetzung für Diebstahl großen Ausmaßes. Das haben die Kriminellen begriffen. Während sie früher reiche illegale Geschäftsleute ausraubten, kooperieren sie heute mit ihnen – die Schattenwirtschaft braucht Schläger, Leibwächter und bezahlte Mörder und stützt mit ihrem Geld die Kriminellen.

Obwohl hier Parallelen zu westlichen Verbrechensmustern erkennbar sind, gibt es doch einen wesentlichen Unterschied. Die Mafia im Westen entstand aus Verboten, die im Strafgesetzbuch fixiert waren, ihre klassischen Gewerbe sind Prostitution, Alkohol, Drogen und Glücksspiel. Das alles gibt es in mehr oder weniger entwickelter Form auch bei uns. Aber das Wesen des sowjetischen organisierten Verbrechens wird von etwas anderem bestimmt. Es ist nicht aus Verboten hervorgegangen, im Gegenteil, es entstand aus den gesetzlich fixierten ökonomischen Mißständen, die es Verbrecherclans ermöglichten, den Staat auszurauben. Das ehemalige Politbüromitglied Alexander Jakowlew sagte einmal, in den Jahren der Stagnation habe die «spontane und kriminell organisierte Umverteilung des Nationaleinkommens» begonnen.

Auf ein Wort möchte ich näher eingehen – «spontan». Es sagt viel aus, vor allem über den Unterschied zwischen unserer Kriminalität und der westlichen. Eine Welle kleiner Diebstahlsdelikte hat das ganze Land erfaßt – gestohlen wird in allen Betrieben, wo immer etwas zu stehlen ist. Dafür gibt es ein Wort, das ich selbst einmal zum Titel eines Artikels gemacht habe und das sich seitdem eingebürgert hat – «Schlepper», Leute, die aus ihren Betrieben ihre eigene Produktion rausschleppen. Dieser massenhafte Diebstahl erklärt sich aus den niedrigen Löhnen und dem katastrophalen Mangel an allem Lebensnotwendigen. Aber das Wesentliche daran ist, daß diese «Spontaneität» ein günstiges Klima für die Entstehung großer Diebesclans geschaffen hat. Wer Kleinigkeiten stiehlt, hält es für normal, wenn sein Chef große Geschäfte macht.

Über die Notwendigkeit von Reformen wird schon seit Mitte der achtziger Jahre gesprochen. Zur Tat schritt man erst Anfang der neunziger Jahre. Die Hoffnung erwachte, daß die Absurditäten des ehemaligen administrativen Kommandosystems unserer Wirtschaft verschwinden und daß wir schließlich zur Marktwirtschaft übergehen würden. Doch wie lange wird das dauern?

Wir hielten die Verzögerung der Reformen für schlimm. Doch als nicht weniger schlimm erwies sich ihre Realisierung. Das liegt daran, daß das gigantische Kurbelrad des sowjetischen Wirtschaftssystems sich jahrzehntelang gedreht hat und es unmöglich ist, es von einem Moment zum anderen anzuhalten. Die Folge ist Stillstand. Und selbst wenn es gelingt, dieses riesige Ungetüm zu bremsen, kommt es zur Explosion. Das ist oft so: Die alten Verbindungen und Gepflogenheiten stürzen zusammen, an ihrer Stelle bleibt ein «ökonomisches Vakuum». Die Lage könnte für die Verbrecher gar nicht günstiger sein, die es vor noch gar nicht so langer Zeit vorzogen, sicher «im Schatten» der Schattenwirtschaft abzuwarten. Nein, je länger es dauert, desto unverschämter treten sie hervor und verkünden ihre eigenen Vorstellungen von Gut und Böse, von dem, was erlaubt ist und was verboten.

Doch nicht die Psychologie und den Sittenverfall halte ich für den dritten «Erzeuger» der sowjetischen Mafia. Sie sind nur eine Folge anderer, wesentlicherer Gründe. Experten wissen – eine organisierte Gruppe von Räubern bleibt durchschnittlich anderthalb bis zwei Jahre unentdeckt, bevor sie ins Blickfeld von Miliz und Staatsanwaltschaft gerät. Wenn die Gruppe jedoch zuverlässige Schutzpatrone im Machtapparat hat, verlängert sich ihre Zeit um das Drei- bis Vierfache. Im Bereich der gewöhnlichen Kriminalität genießt jede fünfte Gruppe einen solchen Schutz, in der Sphäre der Wirtschaftskriminalität jede zweite!

Auch das ist für die westliche Welt nicht weiter verwunderlich – hat nicht in jedem Land die Mafia Schutzpatrone unter den Senatoren und Generalen? Doch von einem so mächtigen Schutz wie bei uns kann jeder sizilianische Pate nur träumen. Ich meine vor allem den eigentlichen Machtapparat in unserem Land, den Parteiapparat.

Er ist der dritte «Erzeuger» unserer Verbrechersymbiosen.

Um Mißverständnissen vorzubeugen – ich will nicht alle Parteimitglieder schlechtmachen. Unsere Geschichte ist so gelaufen, daß der einfache Kommunist nichts mit dem zu tun hat, was in der Sphäre der sogenannten Partei-Nomenklatura vor sich geht.

Die Nomenklatura, eine der heimtückischsten Erfindungen Stalins, ist außerordentlich zählebig. Stalin verglich sie nicht von ungefähr mit einem religiösen Orden – wie die Mächtigen, die obersten Priester in einem Orden, ist auch in der Partei die Machtspitze durch ein gemeinsames Geheimnis und einen Schwur verbunden. Sie verbinden stärker als jedes andere Band. Bis vor kurzem wußte der einfache Kommunist nicht, was das eine oder andere Politbüromitglied auf der Sitzung gesagt, wer sich wie auf dem Plenum des ZK geäußert hatte. Nicht nur das ZK, in jedem Gebiet, jeder Stadt waren die Parteinatschalniks für einfache Parteimitglieder praktisch unantastbar. Wie Parteibeschlüsse auf oberster Ebene gefaßt wurden, war ein Geheimnis. Und noch etwas: Stalin verglich die Mitglieder der Parteihierarchie mit militärischen Rängen – die Hierarchie ist unter Parteifunktionären genauso streng wie in der Armee. Der Rangniedere wagt dem Ranghöheren fast nie zu widersprechen. Jedenfalls in den Kabinetten, wo die wichtigsten Beschlüsse über das Schicksal des Landes gefaßt werden.

Doch die Macht ist nur dann stark, wenn sie sich auf Eigentum, auf die Wirtschaft stützt. Noch vor kurzem hat das gesamte Wirtschaftsleben in unserem Land (seit Stalin) unter totaler Parteikontrolle gestanden. Die Fünfjahrpläne für die Volkswirtschaft wurden auf den Parteitagen bestätigt und dann erst vom zahmen, gehorsamen Parlament formal angenommen. Und das gilt auch für die Kontrolle über die Einhaltung der Beschlüsse – selbst über die Zunahme des Schweinebestands im Kolchos wacht das Kreisparteikomitee.

Die Partei herrschte nicht nur über die Wirtschaft, sie leitete auch alle Streitkräfte des Landes, kontrollierte die Gerichte, stand über Miliz, Justiz und Staatsanwaltschaft. Das ist noch nicht lange her.

Bei solchen Machtverhältnissen suchten sich die Verbrecherclans entsprechende Schutzpatrone unter den Parteinatschalniks im Kreis, im Gebiet, in der Stadt und der Republik. Die haben sie auch gefunden, und bessere «Paten» sind nicht denkbar. In diesem Buch gibt es viele Beispiele dafür, wie allmächtige Vertreter der Parteigewalt in kriminelle Strukturen einbezogen werden. Das war bei den Handelsaffären so und bei den Machenschaften mit der Baumwolle. Schutzpatrone waren dabei bekanntlich Personen aus den höchsten Etagen der Macht – die roten Paten.

In einem so großen Land mit so verschiedenen nationalen und kulturellen Traditionen vollzog sich die Verschmelzung der drei «Erzeuger» unterschiedlich. Im Fernen Osten und Sibirien, an traditionellen Verbannungsorten für Verbrecher aus den zentralen Regionen des Landes, überwog dabei das kriminelle Moment. Das «Diebesgesetz» gewann an Einfluß und diktierte seine Regeln.

Anders in Mittelasien – dort lief eine intensive «Verstaatlichung» der Kriminalität, sie wurde nicht so sehr durch kriminelle, sondern vielmehr durch feudale Traditionen und mit Hilfe des Partei- und Staatsapparats gestützt. Dort entwickelte sich das Ungeheuer, das ich sowjetische Mafia nenne, zu besonderer Reife. Anders sah es in Moskau aus, einem der größten Zentren der Korruption. Hier wurden die Gesetze der mafiosen Clans von den Abnormitäten der Überzentralisierung der Wirtschaft und der Macht in unserem Land diskutiert, deren Grundsatz lautet: Moskau denkt und entscheidet für alle! Das provozierte die Kriminalität in den höchsten Kabinetten geradezu.

Bedenklich ist nur: An die Stelle der alten Funktionäre treten neue, aus derselben Nomenklatura, aus demselben «religiösen Orden». Das Geheimnis der Zählebigkeit des Stalinschen Parteimechanismus beruht aber gerade darauf, daß ein Parteifunktionär für sich genommen nichts ist. Er allein entscheidet nichts. Die Macht geht von einem besonderen Telefon aus, das ihn mit seinesgleichen verbindet. Menschen können ausgetauscht, von einem Platz an einen anderen versetzt werden – die Lebensfähigkeit und Aktivität des Machtsystems ändert sich dadurch nicht. Dieses von Stalin entdeckte Gesetz wirkt noch heute.

Die so organisierte Nomenklatura ist mitschuldig am Stalinschen Terror, der viele Millionen Menschenleben kostete. In Erinnerung an unsere Vergangenheit behaupte ich: Die Cosa nostra ist für unser Land mit seiner Rechtsgeschichte nicht die schlimmste Bedrohung.

Im August 1991, nach dem mißglückten Putschversuch, hörte die KPdSU auf zu existieren. Die Partei, die kurz vorher noch allmächtig gewesen war, wurde verboten. Ich verhehle nicht, daß ich, wie andere auch, damals voller Euphorie war: Ich glaubte, daß mit dem Verschwinden der formalen Parteistrukturen auch alle gesellschaftlichen Mängel, die mit dem Funktionieren der KPdSU verbunden waren, der Vergangenheit angehören würden. Ich glaubte ferner, daß die sowjetische Mafia durch den Verlust eines ihrer «Erzeuger» zum «Waisen» geworden wäre.

Aber leider war alles nicht ganz so einfach, und wir hatten uns zu früh auf den Anbruch der Herrschaft – so kam es uns vor – der Demokratie gefreut.

Das lag daran, daß die Menschen dieselben geblieben waren. Erzogen in den Traditionen des früheren Nomenklatursystems, handelten sie nach den gewohnten sozialen und psychologischen Stereotypen, ob sie nun in andere Parteien eingetreten oder parteilos geblieben waren. Es sind dies die Stereotypen der Nomenklatura, mit denen die gesamte höhere Beamtenschaft psychisch gedemütigt wurde. Doch in dieser Beamtenschaft gibt es nicht wenige, die wir früher in höchsten Parteikreisen zu sehen gewohnt waren. Die Welle der demokratischen Revolution hat nicht viele neue Leute nach oben getragen. Und es hat sich gezeigt, daß auch die jüngsten sich schnell die Kunstgriffe und Gepflogenheiten der früheren Bonzen aneignen.

Es fällt mir schwer, darüber zu schreiben, doch Korruption und Bestechlichkeit gehören keineswegs schon der Vergangenheit an, anders als die Parteiorganisationen, die man liquidiert hat.

Und doch existieren diese Organisationen noch: Die ihrer Macht enthobenen Funktionäre der unterschiedlichsten Parteiebenen haben ihre Waffen noch längst nicht niedergelegt: Hier schminken sie sich rasch um in Demokraten, dort verschmelzen sie mit den nationalistischen Bewegungen, anderswo beginnen sie einen illegalen Kampf für die Wiedererrichtung eines kommunistischen Systems. Die Lage hat sich also nicht vereinfacht, im Gegenteil, sie ist erheblich komplizierter geworden. Dabei sind die Gesetzmäßigkeiten des gesellschaftlichen Lebens, die bis zum Umbruch 1991 befolgt worden waren, in vielerlei Hinsicht leider immer noch in Kraft.

Die Prozesse in der zweiten Hälfte der achtziger Jahre, auch die, von denen der Leser in diesem Buch erfahren hat, geben Anlaß zu behaupten, daß nun auch der dritte «Erzeuger» des organisierten Verbrechens sein Kind nährt, das Tausende und aber Tausende Erzieher hat, denn was in den höchsten Rängen der Macht vor sich ging, konnte nicht ohne

Folgen für die übrigen bleiben. Seit Beginn der achtziger Jahre stieg die Zahl der wegen Korruption verurteilten Parteimitglieder auf 75 Prozent; 80 Prozent der Organisatoren krimineller Räubergruppen und anderer Wirtschaftsverbrechen waren Betriebsdirektoren, 99 Prozent davon ebenfalls Parteimitglieder.

In was für einem Ausmaß haben die Vertreter der neuen, demokratischen Macht schon begonnen, Bestechungsgelder anzunehmen! Nicht nur, daß sie den früheren Machthabern darin in nichts nachstehen, sie sind ihnen oft sogar überlegen und geraten darüber nicht einmal in Verlegenheit. Während die Parteibosse immerhin von Zeit zu Zeit bemüht waren, ihre Reihen von den unverfrorensten korrupten Genossen zu säubern, wie das z. B. unter Andropow der Fall war, so denken diese nicht im geringsten daran, sich zu verbergen.

Macht verändert die Menschen – das ist eine banale Weisheit. Aber wie schlimm ist es, so eine blitzschnelle Verwandlung zu beobachten, die sich buchstäblich vor den eigenen Augen vollzieht!

Warum behaupte ich trotz der ernsten Lage in unserem Land, in dem es alle Voraussetzungen für die Entfaltung einer mächtigen Mafia gibt, daß wir es noch mit einem Kind zu tun haben, noch nicht mit einer ausgewachsenen Mißgeburt? Warum haben wir noch keine Mafia im westlichen Sinne, wenn wir doch schon ihre drei «Erzeuger» und deren Allianz erkennen?

Ich bin überzeugt, daß uns bis heute ein Umstand vor diesem Monster bewahrt hat – die Spontaneität, mit der die Verschmelzung und Verquickung der Interessen der drei «Erzeuger» vor sich geht. Die Symbiosen, die da und dort entstanden, in einer Stadt, einem Gebiet, einer Republik, hatten noch keine Verbindung miteinander. Es gab viele kriminelle Pyramiden, im Handel, in der Industrie, im kriminellen und illegalen Business, aber sie waren isoliert voneinander. Wozu hätte der trinkende General Iwanow auch den Händler aus Rostow brauchen sollen? Ihm genügten eine Spirituosenfabrik und der Schutz Tschurbanows. Genausowenig interessierte den Handelsboss aus Rostow die usbekische Baumwolle – ihm genügte es, Kuverts mit Schmiergeldern in fünf, sechs Moskauer Büros zu bringen, um Waren und Schutz zu bekommen. Die Mißwirtschaft, die Tausende Lükken und Schlupflöcher für kriminelle Organisationen offenhielt, bewahrte uns vor deren Zusammenschluß; die Mafiosi hatten es nicht nötig, sich an einen Tisch zu setzen. Diese Spontaneität bremste die Entwicklung der Mafia, die tausendmal schlimmer werden kann als jede andere auf der Welt. Doch diesen Vorzug, die Spontaneität, hat die Perestroika zerstört. Sie gab den Anstoß für den bewußten Zusammenschluß aller Kräfte, auch der kriminellen, die durch die entstehende Demokratie und die Schaffung einer normalen, gesunden Wirtschaft ihre Macht und ihr Vermögen einbüßen könnten. Vor unseren Augen verbünden sich zum erstenmal die reaktionären politischen Kräfte, das illegale Kapital und die wiedererstandenen kriminellen Clans. Um die Macht und die künftigen Einnahmequellen (die sie durch die Perestroika bedroht sehen) entfaltet sich erbitterter Kampf, mehr noch, ein richtiger Krieg.

Weitere Tatsachen. Wie bereits erwähnt, wird der Bürgerkrieg zwischen Armenien und Aserbaidschan die Statistik des Innenministeriums sehr verändern, besonders die Rubriken, in denen es um Waffen geht, über die die Bevölkerung verfügt. Es sind viele, sehr viele.

Niemand kann mir einreden, daß gewöhnliche Bürger Flak-Geschütze, Maschinengewehre und Panzerwagen (sogar einige Panzer) ohne Hilfe der Behörden, auch der Partei, in ihren Besitz bringen konnten. Was die Miliz angeht, so haben Männer in Miliziuniform die rasende Menge in Aserbaidschan zumindest nicht daran gehindert, Armenier zu töten und deren Wohnungen zu verwüsten. Es heißt, die zur Stabilisierung der Lage nach Baku verlegten Truppen hätten auch aus den Gebäuden der Parteikomitees geschossen. Am Tag des Truppeneinmarsches fuhren einige Dutzend mit Funk ausgestattete Taxis durch Baku, von denen aus Informationen über die Truppenbewegungen an eine Funkzentrale auf einem im Hafen liegenden Schiff weitergeleitet wurden. Vom Schiff aus wurden Befehle an die Kampfabteilungen gegeben, wie und wohin sie sich in der Stadt bewegen sollten. Allein diese Operation erforderte eine durchdachte Organisation und Mittel, ganz zu schweigen von solider Unterstützung.

Ein weiteres wichtiges Detail: Als der «Volkszorn» tobte, als Häuser zerstört wurden und vieltausendköpfige Versammlungen den Rücktrittt der Regierung forderten, und später, als in Baku geschossen wurde, kam nicht ein einziger Parteifunktionär von Bedeutung zu Schaden. Sie waren gegen Kugeln und «Volkszorn» gefeit.

Das alles mag wie Zufall erscheinen. Aber ich bin überzeugt, daß alle diese Dinge und viele andere, die wir noch nicht kennen, wie ein Mosaik zusammenpassen und ein Bild vom Netz krimineller Verbindungen ergeben. Mich würde es nicht wundern, wenn eines Tages herauskäme (als dokumentarische Bestätigung einer bislang privaten Information), daß hinterm Rücken der kämpfenden Gruppierungen die Vertreter von Schattenwirtschaft und Schattenpolitik der sich bekriegenden Republiken kriminelle Fäden knüpften und daß die kämpfenden Seiten sich gegenseitig Waffen verkauften, natürlich zu Wahnsinnspreisen.

Belege für den Zusammenschluß der «Erzeuger» kommen nicht nur von Kriegsschauplätzen. Schnell erstarkte in der Ukraine die Befreiungsbewegung, deren extremistischer Flügel die Selbständigkeit der Republik und den Austritt aus der Union forderte. Aus glaubwürdigen Informationsquellen weiß ich, daß diese Bewegung von den Parteibehörden unterstützt wird. Demonstranten, die Plakate mit nationalistischen Losungen trugen, bekamen dafür 25 Rubel, die übrigen Teilnehmer der Demonstrationen zehn Rubel. Für den bürokratischen Apparat ist es vorteilhaft, wenn in der Republik Unruhe und Nervosität herrschen. Warum? Um nach der starken Hand rufen zu können. Das ist das Ziel der Machthaber, die begreifen, daß ihre Zeit zu Ende geht und sie den Boden unter den Füßen verlieren. Das Regime der starken Hand ist auch für die Schattenwirtschaft vorteilhaft. Ja, die Mangelwirtschaft, unter der alle Bürger der Sowjetunion leiden, die sie zum endlosen Schlangestehen nach Seife oder Strumpfhosen zwingt, ist für Schieber und ein anomales Handelssystem höchst vorteilhaft. Der Mangel hat sich bis zum äußersten verschärft, der Unmut der Bevölkerung wächst. Das Fehlen der notwendigsten Lebensmittel ist nicht das beste Mittel zur Stabilisierung der Lage. Ich neige auch hier zu der Annahme, daß die Destabilisierung nicht zuletzt im Interesse der korrumpierten Funktionäre und ihrer Vertreter in der Schattenwirtschaft liegt.

Doch die Zeit der friedlichen, «legitimen» Rechtsverletzungen ist vorbei – darum suchen die ehemaligen Parteibosse unverhohlen Hilfe und Unterstützung bei Schlägern und kriminellen Gewalttätern.

Im Dezember 1989 wurden auf Forderung der Abgeordneten auf dem Zweiten Kongreß der Volksdeputierten Probleme des organisierten Verbrechens erörtert. Der damalige

Innenminister der UdSSR Bakatin und Generalstaatsanwalt Sucharjow sprachen zu den Abgeordneten. Beide äußerten sich zu der Frage: Was ist organisiertes Verbrechen in der UdSSR?

Sucharjow: «Das organisierte Verbrechen auf der Grundlage der Symbiose der kriminogenen Schicht der Schattenwirtschaft und der Korruption gibt es in unserem Land. Mehr noch, es nimmt zu und wird zur realen Gefahr für die Gesellschaft und die Perestroika.»

Bakatin: «Wir können von einem System des Wirkens und der Reproduktion illegalen Kapitals sprechen, das seinen Vertretern den Durchbruch zu den Hebeln der politischen Macht ermöglichen will.»

Beide Definitionen, obwohl sie wie ein Donnerschlag wirkten – solche Worte von so hoher Tribüne sind für uns noch ungewöhnlich –, befriedigen mich noch nicht. Sie passen auf die Mafia westlicher Machart und sagen zuwenig aus über die Spezifik unserer eigenen.

Die westliche Mafia, das ist reine Kriminalität, eine Organisation von Personen, die gegen das Strafgesetz verstoßen. Unsere Mafia, oder ihr realer Vorläufer, ist nicht nur organisierte Kriminalität, das ist staatliche Kriminalität. Das ermöglicht ein ganz anderes Organisationsniveau. Das sind keine bewaffneten Banden, die ein paar Beamte bestechen. Ernsthaft über unsere Mafia zu reden hat nur im Kontext mit der realen staatlichen Macht Sinn, wenn alle ihre Attribute wie Staatskasse, Armee, Miliz, Gericht einbezogen werden.

Wenn darum im Westen von Formen und Methoden zur Bekämpfung der Mafia die Rede ist, neigt man zu Gesetzesänderungen und zur Annahme von Regierungsprogrammen und ihrer Finanzierung. Bei uns muß es um etwas anderes gehen: um die Reform der Verwaltung des Staates, um die

Perestroika der Wirtschaft, um Demokratie und Rechtsstaatlichkeit, wo nicht eine Person, sondern das Gesetz herrscht.

Wenn der Leser nach der Lektüre dieses Buches den Eindruck hat, ich hätte ein zu schwarzes und auswegloses Bild gemalt, kann ich ihn beruhigen. Ich halte es für einen Segen, daß sich die Gegensätze in unserem Land so zugespitzt haben, daß die Widersprüche des gesellschaftlichen Lebens so offen zutage treten. Die Explosion, die in den Köpfen der Menschen vor sich gegangen ist und sie auf die Straße getrieben hat, die Glasnost, machte es uns allen möglich, zu begreifen, was organisiertes Verbrechen in der Sowjetunion ist, wie unsere Mafia entsteht. Wenn wir aber etwas schon verstanden haben, ist das die erste Voraussetzung dafür, dem Übel zu begegnen.

Viel wird in dieser Richtung schon getan. Ich meine vor allem die politischen und ökonomischen Veränderungen, die sich vor unseren Augen vollziehen, und natürlich auch die Bemühungen der Juristen, Kriminalisten und Gesetzgeber im Kampf gegen die Mafia. In meinem Notizbuch habe ich viele Aufzeichnungen über ihre Arbeit. Aber das ist schon ein neues Sujet.

Anhang
Kriminalitätsstatistik

(1990–1991)

Wie dem Leser bereits bekannt ist, war 1990 das letzte Jahr, für das wir über statistische Zahlen für die gesamte Sowjetunion verfügen. Mit dem Zerfall des ehemaligen Staates verschwand auch ein einheitliches statistisches System. Das ist bedauerlich, hatten wir doch damit eine ausgezeichnete Grundlage für Gegenüberstellungen und Überlegungen.

Seit 1991 verfügen wir über quantitative Angaben nur für die Russische Föderation. Bis zu einem gewissen Grad geben diese Ziffern für alle Republiken gültige Tendenzen wieder.

1990: Miliz und Staatsanwaltschaft erhielten mehr als 4 Millionen Hinweise auf begangene Verbrechen. Offiziell registriert wurden 2 786 605 Verbrechen, 324 913 mehr als im Vorjahr.

Um die Zunahme an Verbrechen zu verdeutlichen, einige Zahlen aus den letzten Jahren:

1983	2 017 000	Verbrechen
1984	2 029 000	
1985	2 084 000	
1988	1 867 000	

1989	2 462 000
1990	2 787 000
1991 (nur Rußland)	2 173 000 (im Vergleich zum Vorjahr +ca. 18 %)

Nun die schweren Verbrechen. Das ist etwa jedes siebte. So sieht die Statistik der für den einzelnen Bürger gefährlichsten Verbrechen aus:

	Schwere Körperverletzung	Vergewaltigung	Vorsätzlicher Mord
1980	44 332	20 225	21 430
1985	38 423	19 438	18 718
1988	37 191	17 658	16 702
1989	51 458	21 873	21 467
1990	57 754	22 468	24 875
1991 (nur Rußland)		14 115 (− 6,0 %)	16 235 (+4,3 %)

Dazu einige Erläuterungen. Jeder dritte Mord wurde aus Eifersucht oder ähnlichen Motiven begangen. 9 Prozent der Täter waren Frauen. 10 Prozent der Täter wollten ein anderes Verbrechen vertuschen oder traten als Rowdies in Erscheinung. Jeder fünfte Mörder war mit dem Opfer verwandt. Rund die Hälfte der Opfer hatte vorher mit ihrem Mörder Wodka getrunken – das ist wohl ein Spezifikum unseres Landes.

Wirtschaftsverbrechen: 1990 wurden von der Miliz und der Staatsanwaltschaft 265 400 Fälle registriert, 8000 mehr als 1989. Diebstahl von Staatseigentum: 9967 schwere und besonders schwere Fälle. Interessant ist der Aktivindex für den Kampf gegen die Wirtschaftskriminalität. Während in Turkmenien, Tadschikistan, Rußland und der Ukraine eine Zunahme der Aktivität zu beobachten ist, nimmt sie in Armenien, Georgien, Aserbaidschan, Estland und Litauen dagegen ab. In Rußland kam es 1991 zu 401 358 Fällen von Diebstahl von Staatseigentum, das entspricht einer Zunahme von 51,7 Prozent.

1990 wurden 1 383 552 Verbrecher festgenommen. Fast 66 Prozent wurden strafrechtlich zur Verantwortung gezogen (1989 waren es noch 61 Prozent). In den übrigen Fällen wurden Ordnungsstrafen und andere Maßnahmen gesellschaftlicher Einflußnahme verhängt. Ich will versuchen, ein statistisches «Porträt» des sowjetischen Verbrechers von heute kurz zu skizzieren: Verbrechen haben begangen: 723 846 Arbeiter, 108 656 Angestellte, 79 532 Kolchosbauern, 137 319 Schüler, Studenten und Lehrlinge und 238 751 arbeitsfähige Personen ohne Arbeit. 16,2 Prozent der Straftäter hatten Hoch- oder Fachschulbildung, 82,9 Prozent nur einen zehnklassigen Schulabschluß.

1990 verhaftete die Miliz 298 528 Personen, die bereits vorbestraft waren. Im Jahr nach ihrer Entlassung aus der Haftanstalt wurden 38 867 Personen wieder straffällig. 7802 besonders gefährliche Rückfalltäter waren inhaftiert.

Von ausländischen Bürgern wurden 1990 498 Verbrechen begangen, 147 mehr als 1989. Ein Viertel davon waren Fälle von Rowdytum, 15,9 Prozent Diebstahl von Privateigentum, 8,4 Prozent Diebstahl von Staatseigentum.

7674 Ausländer wurden Opfer von Verbrechen. In 64,3 Prozent der Fälle handelte es sich um Diebstahl, in 13,6 Prozent um Raub. Gestohlen wurde vor allem in Hotels, aus parkenden Autos, in Zügen, Flugzeugen und auf Bahnhöfen.

Hier noch einige Angaben zur Kriminalität in Rußland für das Jahr 1991:

	Anzahl	Veränderung in Prozent im Vergleich zu 1990
Diebstahl von Privateigentum	841 302	+ 29,7
Bestechung	2 540	− 6,1
Betrug	20 067	+ 1,1
Rowdytum	106 897	− 0,5
Unaufgeklärte Verbrechen	1 041 107	+ 33,1
davon Schwerverbrechen	115 322	+ 27,1
Festnahmen	958 662	+ 7,0
davon Minderjährige	173 753	+ 5,5
Frauen	122 369	−
Arbeitslose	182 859	−
Wiederholungstäter	274 652	+ 6,5
In betrunkenem Zustand begangene Verbrechen	356 709	+ 6,4
Durchschnittliche Verbrechensrate auf 100 000 Einwohner	1 467	+ 17,7

Angaben über das organisierte Verbrechen waren bis vor kurzem in der Statistik nicht gesondert erfaßt. Die Experten sind sich noch immer nicht einig, was organisiertes Verbrechen eigentlich ist und was zu seiner Einflußsphäre gerechnet werden muß. Solange die Gelehrten sich streiten, müssen wir uns die statistischen Angaben zur sowjetischen Mafia Stück für Stück zusammensuchen. Sie sind oft subjektiv und bei verschiedenen «Schulen» der Kriminalistik unterschiedlich. Einige Zahlen kennt der Leser schon, einige sind noch zu ergänzen.

1990 wurden 7029 Verbrechen registriert, die von organisierten kriminellen Gruppen verübt wurden, 226 von Gruppen mit korrupten Beziehungen. Die Kriminalität der organisierten Gruppen trägt einen scharf ausgeprägten habgierigen und gewalttätigen Charakter: jedes dritte Gruppendelikt ist Diebstahl von Privateigentum, jedes siebte ein Wohnungseinbruch. Raub von staatlichem, öffentlichem und privatem Eigentum machte 13,4 Prozent der Delikte aus, Diebstahl von Staatseigentum 11,8 Prozent, Betrug und Racket 8,3 bzw. 8,9 Prozent.

In der Wirtschaft wurden 146 Fälle von Diebstahl staatlichen und öffentlichen Eigentums registriert, der von organisierten Verbrechergruppen mittels Unterschlagung, Veruntreuung und Mißbrauch des Dienstverhältnisses begangen wurde.

Im Durchschnitt hat jede festgenommene kriminelle Gruppe in der Zeit ihres Bestehens bis zu vier Straftaten begangen. Bei den Gruppen wurden 550 Schußwaffen beschlagnahmt. Der durch das organisierte Verbrechen angerichtete Schaden wird offiziell auf mehr als 25 Millionen Rubel geschätzt. Lediglich etwa 13 Millionen Rubel haben ersetzt werden können.

Hier noch einige Merkmale der 1990 in der UdSSR aufgedeckten kriminellen Gruppen:

Merkmale der kriminellen Gruppen	Anzahl der entdeckten Gruppen	davon waren korrumpiert
Mitgliederzahl:		
– bis zu 3 Personen	902	18
– zwischen 4 und 10 Personen	644	26
– mehr als 10 Personen	81	7
Dauer ihres Bestehens:		
– bis zu 1 Jahr	1 172	26
– zwischen 1 und 5 Jahren	392	25
– mehr als 5 Jahre	19	–
Geographie der kriminellen Betätigung:		
– auf republikanischer Ebene	154	13
– auf Gebiets- und Kreisebene innerhalb der Republik	379	17
Insgesamt aufgedeckte Gruppen	1 641	56

1991 wurden in Rußland 14 374 Gruppendelikte registriert, 13,7 Prozent mehr als 1990.

Angaben der Hauptabteilung der Kriminalbehörde des Innenministeriums der UdSSR zufolge haben Kräfte, gebildet aus regionalen Rauschgiftdezernaten in Verbindung mit den territorialen Organen für innere Angelegenheiten, innerhalb nur weniger Tage 71 Dealergruppen entlarvt, von denen fast die Hälfte über stabile überregionale Beziehungen verfügte.

Doch allem Anschein nach sind die entlarvten und statistisch erfaßten kriminellen Gruppen nur ein Tropfen auf den heißen Stein. Nach Meinung einiger Experten existierten Anfang der neunziger Jahre rund dreieinhalbtausend organisierte kriminelle Gruppen, zu denen fast 30 000 Personen zählten. Eine ganze Armee.

Peter–Jürgen Boock
Schwarzes Loch im Hochsicherheitstrakt
(aktuell 12505)
«Mein Bericht über die Hochsicherheitshaft ist parteiisch und soll es auch sein. Hochsicherheitshaft zerstört Menschen, ihre Psyche wie ihre Physis, dazu kann es keine "neutrale" Position geben.
Jürgen–Peter Boock

István Eörsi
Erinnerung an die schönen alten Zeiten
(aktuell 12990)
1956, nach dem ungarischen Volksaufstand, wurde István Eörsi, Anhänger von Imre Nagy und Schüler des später verfolgten Georg Lukács, verhaftet. Dreißig Jahre danach erinnert er sich ...

Alain Finkielkraut
Die Niederlage des Denkens
(aktuell 12413)

Václav Havel
Briefe an Olga *Betrachtungen aus dem Gefängnis*
(aktuell 12732)
Versuch, in der Wahrheit zu leben
(aktuell12622)
Am Anfang war das Wort
(aktuell 12838)
Die Angst vor der Freiheit *Reden des Staatspräsidenten*
(akutell 13018)
«Ist nicht das Gefühl der Lebensleere und des Verlustes des Lebenssinns nur der Aufruf, nach einem neuen Inhalt und Sinn der eigenen Existenz zu suchen? Sind es nicht gerade die Augenblicke der tiefsten Zweifel, in denen neue Gewißheiten geboren werden?»
Václav Havel

Václav Havel

Essay

Angst vor der Freiheit

Reden des Staatspräsidenten

rororo

Robert Havemann
Die Stimme des Gewissens *Texte eines deutschen Antistalinisten*
(aktuell 12813)
Vom Volksgerichtshof unter Freisler zum Tode verurteilt, als Leiter des Kaiser-Wilhelm-Instituts in Berlin-Dahlem fristlos entlassen, in der DDR seiner Ämter enthoben und aus der Partei ausgeschlossen - Robert Havemann war ein unbequemer Zeitgenosse für das SED-Regime.

Gunter Hofmann
Willy Brandt – *Porträt eines Aufklärers aus Deutschland*
(aktuell 12503)
«Willy Brandt war kein Held. Und er ließ das erkennen. Er war sich seiner selbst nicht ganz sicher. Politiker mit Schwächen kannte man, aber wenige, die sie zeigten. Er habe gelernt, "an die Vielfalt und an den Zweifel zu glauben", gestand er, als ihm der Friedensnobelpreis verliehen wurde.»

Wolfgang Huber
Protestantismus und Protest
*Zum Verhältnis von Ethik
und Politik*
(aktuell 12136)
«Der christliche Glaube ist so
politisch, wie er persönlich ist.
Er betrifft die äußeren Lebensverhältnisse, wie er das
Innere der Menschen verwandelt. Er hat es mit dem Frieden der Staaten ebenso zu tun
wie mit dem Frieden der Her-
zen. Denn er betrifft den ganzen Menschen. Wer ihn zu
einem abgesonderten Lebens-
bezirk macht, verurteilt ihn
zur Bedeutungslosigkeit.»
Wolfgang Huber

Ivan Illich
**H₂O und die Wasser des
Vergessens**
(aktuell 12131)

Walter Janka
Schwierigkeiten mit der Wahrheit
(aktuell 12731)
«Zu allen Zeiten hat es
Schriftsteller gegeben, die gegen staatliches Unrecht aufge-
treten sind. Was sie größer
machte. Um so mehr, wenn
sie dafür Opfer bringen
mußten.»
Walter Janka

Rudolf zur Lippe
Freiheit die wir meinen
(aktuell 12900)
«Der gescheiterte Sozialismus
hinterläßt uns ein erschrek-
kendes Erbe. Die westliche
Freiheit muß ganz neu ihren
Aufgaben gerecht werden.
Wie können wir ihre Werk-
zeuge tauglich machen, um
den Erwartungen zu entsprechen und nicht länger Natur
und Geschichte zu zerstö-
ren?»
Rudolf zur Lippe

Richard von Weizsäcker

Essay

**Die politische
Kraft
der Kultur**

rororo

Thomas Meyer
**Fundamentalismus Aufstand gegen
die Moderne**
(aktuell 12414)
Was bleibt vom Sozialismus?
(aktuell 12898)
«Das Ende des Kommunis-
mus kann keinen Sozialismus,
der sich ernst nimmt, unbe-
rührt lassen. Was ansteht, ist
eine neue Kritik des Sozialismus. Sozialismus, der mehr
sein möchte als ein hartnäcki-
ges Wort für eine alte Hoffnung, die sich verflüchtigt hat,
müßte sich neu beweisen.»
Thomas Meyer

Bahman Nirumand
Leben mit den Deutschen *Briefe
an Leila*
(aktuell 12404)

Richard von Weizsäcker
Die politische Kraft der Kultur
(aktuell 12249)
«Kultur ist das eigentliche
Leben. Kultur ist kein Vorbe-
haltsgut für Eingeweihte, sie
ist vielmehr unser aller Le-
bensweise. Sie ist folglich
auch die Substanz, um die es
in der Politik geht.»
Richard von Weizsäcker

«Es ist eine Illusion zu glauben, das Problem der Stasi-Akten ließe sich dadurch erledigen, daß man einen riesigen Betondeckel über sie legt, so daß niemand mehr herankommt.»
Joachim Gauck

Joachim Gauck
Die Stasi-Akten *Das unheimliche Erbe der DDR*
(13016)

Robert Havemann
Die Stimme des Gewissens
Herausgegeben von
Rüdiger Rosenthal
Texte eines deutschen Antistalinisten
(aktuell essay 12813)

Rudolf Herrnstadt
Das Herrnstadt–Dokument *Das Politbüro der SED und die Geschichte des 17. Juni 1953*
Herausgegeben von
Nadja Stulz-Herrnstadt
(aktuell 12837)
Das Herrnstadt–Dokument enthüllt, wie tiefgehend die Krise der DDR–Führungsspitze vor, während und nach dem Aufstand vom 17. Juni 1953 war.

Walter Janka
Schwierigkeiten mit der Wahrheit
(aktuell essay 12731)

Helga Königsdorf
Adieu DDR *Protokolle eines Abschieds*
(aktuell 12991)
In den letzten Wochen der real existierenden DDR hat die Autorin Menschen über ihr vergangen.. ..eben, ihre gegenwärtigen Gefühle und ihre Erwartungen an die Zukunft befragt.

J. Maron / R. Schedlinski
Innenansichten DDR *Letzte Bilder. Großformat*
(sachbuch 8553)

Günter Schabowsi
Das Politbüro *Ende eines Mythos. Eine Befragung*
Herausgegeben von Frank Sieren und Ludwig Koehne
(aktuell 12888)
«Am meisten bedrückt mich, daß ich ein verantwortlicher Vertreter eines Systems war, unter dem Menschen gelitten haben.»
Günter Schabowski

Joachim Walther / Wolf Biermann / Günter de Bruyn u.a. (Hg.)
Protokoll eines Tribunals *Die Ausschlüsse aus dem DDR–Schriftstellerverband 1979*
(aktuell 12992)

Horst Wiener
Anklage: Werwolf *Die Gewalt der frühen Jahre oder Wie ich Stalins Lager überlebte*
(aktuell 12928)